8° S
13326

804

Pour ceux de la Montagne et des Vallées

AGRICULTURE ET SYLVICULTURE

LEÇONS. — LECTURES. — RÉCITATIONS

Accompagnées de nombreuses illustrations

PAR

JEAN VIDAILHET

INSTITUTEUR

PARIS
LIBRAIRIE CLASSIQUE FERNAND NATHAN
16 ET 18, RUE DE CONDÉ (6°)

1909
Tous droits réservés

Tout exemplaire de cet ouvrage non revêtu de ma griffe sera réputé contrefait.

Fernand Nathan

A LA MÊME LIBRAIRIE

Labeyrie et Gillet. — **Manuel-Revision du Certificat d'Études.** 1 vol. in-12 cart... 1.50
(Chaque partie se vend séparément en livrets de 0,30 ou 0,40 centimes.)

La Récitation au Certificat d'Études. 1 petit volume cart............ 0.30

Ammann et Coutant. — **Cours normal d'Histoire.** *Cours moyen. Préparation au Certificat d'Études.* 1 vol. in-12 cart...................... 1.40

A. Minet et Patin. — **Cours pratique d'Arithmétique.** *Cours moyen. Préparation au Certificat d'Études.* 1 vol. in-12 cart................. 1.25

A. Pierre, Minet et Martin. — **Cours de Langue française.** *Cours moyen et supérieur.* 1 vol. in-12 cart..................................... 1.35

15 Maximes murales d'Agriculture, imprimées sur papier idéal, prêtes à être placées au mur .... 1 »

A L'ÉCOLIER DE LA MONTAGNE

Petit Paysan ! Petit Montagnard !

Ce livre a été écrit pour toi : tu seras un jour éleveur, laboureur, forestier et pasteur ! Déjà, tu secondes ton père, dans son travail toujours sain, parfois un peu rude ; mais, ce travail deviendra, pour toi, moins dur et plus fructueux, si tu te prépares, dès l'école, à le faire méthodiquement et selon les données de la Science.

Applique-toi donc à comprendre les *gravures* et les *leçons* de ce petit **Manuel**; efforce-toi de retenir ses *résumés* et ses *récitations*; réfléchis sur les *lectures* et les *rédactions* qu'il renferme ; exerce-toi, enfin, peu à peu, à réaliser pratiquement les *expériences* ou les *essais* qu'il conseille, et à lire ainsi de bonne heure dans le livre ouvert de la Nature.

Elle est si belle, cette nature qui t'entoure ! Apprends ainsi à l'aimer, à la respecter. Sois fier de ta sombre forêt, de ses verts pâturages, de ton lac azuré, de sa blanche cascade. Songe que rien ne vaut le spectacle d'un lever ou d'un coucher de soleil sur ces beautés naturelles.

Aussi, ne les quitte pas et, à la vie agitée des villes, préfère l'existence paisible de la campagne, tel ce pâtre à qui l'on disait :

« Laisse là tes montagnes,
Viens, ne sois plus berger ».

et qui répondait :

« Jamais, jamais cette folie !
Je suis heureux dans cette vie. »

Chanson des Montagnards. J. V

L'Animal domestique : Son hygiène

Toutes les règles de l'hygiène de l'homme s'appliquent également à l'animal domestique.

L'agriculture est l'*art d'élever* les animaux domestiques et de *cultiver le sol*; pour réussir, un cultivateur doit être doublé d'un bon éleveur.

Or, la première condition de tout élevage est de maintenir l'animal en parfaite santé. Cet animal ayant les mêmes organes que l'homme, on doit observer, pour lui, les mêmes règles d'hygiène. Aussi, est-il nécessaire de pourvoir à son logement et à son alimentation d'une façon raisonnée.

1. Logement. — Le logement de l'animal, quel qu'il soit, doit être **propre, sec** et bien **aéré**; dans ce but, les murs seront blanchis à la chaux, car les murs sales sont des nids à microbes; de plus, le sol sera imperméable et incliné, d'avant en arrière, avec des rigoles afin de faciliter l'écoulement du purin et permettre un nettoyage complet, l'humidité du sol déterminant des boiteries, des tumeurs, etc. En outre, il faut aérer par un **tuyau** ou cheminée et des **fenêtres à tabatière** placées au-dessus des animaux, car le séjour dans un air vicié anémie et prédispose aux maladies; toutefois, on évitera les courants d'air qui provoquent des refroidissements brusques. Enfin, un **thermomètre** placé dans l'intérieur marquera, en toute saison, une température moyenne de 15 degrés.

2. Aliments. — Dans ce logement sain, les aliments donnés seront également sains. Si, comme cela arrive souvent dans les pays de montagne, le fourrage est placé au-dessus des animaux, le **plancher** sera double, ou du moins à double joint afin d'empêcher les gaz de monter et les poussières de tomber; pour la même raison, les volières ne seront jamais placées sur les porcheries. Quant à la boisson, l'eau, non courante, sera **filtrée** au moyen d'une vieille barrique défoncée ; sur l'autre fond, percé de trous, on disposera plusieurs couches de sable et de charbon de bois qui absorberont germes et microbes et qu'on renouvellera de temps en temps. On filtrera également l'eau courante, en temps d'épidémie.

3. **Corps.** — Enfin, les animaux aiment la propreté ; aussi, même pour le porc et l'âne qui ne se vautrent que lorsqu'ils sont sales, le corps des animaux sera tenu très propre : d'ailleurs, le *pansage* quotidien et les bains fréquents sont indispensables pour le bon fonctionnement de leur peau et la conservation de leur santé sans laquelle on ne peut obtenir un bon rendement. « Un coup d'étrille, dit un proverbe, vaut un picotin d'avoine. »

Résumé. — 1. Le logement de l'animal doit être propre, sec et bien aéré, mais sans courant d'air.

2. Les fourrages placés au-dessus ne doivent point recevoir les gaz qui montent et l'eau non courante sera toujours filtrée.

3. Enfin, la propreté étant nécessaire à la santé, le pansage quotidien est inséparable d'un bon rendement.

Le Pansage

La peau respire par les trous ou pores dont elle est percée ; aussi, si on bouche ces trous, on produit l'asphyxie.

Un savant français, Fourcaulx, raconte qu'il fut témoin du fait suivant: « A l'occasion d'une fête, ou avait organisé une grande cavalcade dans une ville d'Italie. De nombreux chars formaient le cortège. Sur le premier, était placé un garçon d'une douzaine d'années ; on lui avait collé très exactement sur tout le corps du papier doré. La foule, qui encombrait les rues, ralentit la marche de la cavalcade qui dura six heures. Quand on arriva au but, on s'aperçut que l'enfant doré était mort. »

Fourcault, voulant avoir l'explication scientifique de cet événement, réalisa, dès son retour en France, des expériences sur des animaux vivants : chiens, lapins, moutons, etc. Il les enduisit de résine ou de goudron, sur toute la surface du corps. Peu à peu l'animal se refroidissait, et, après sept à huit heures, il mourait en donnant tous les signes de l'asphyxie.

Or, la sueur et les matières grasses qu'elle renferme forment, avec les poussières, une sorte d'enduit pareil au goudron ; on comprend donc que les animaux aient besoin de la toilette journalière ou pansage.

C'est une opération qui consiste en des frictions méthodiques opérées sur la surface du corps des animaux, et il n'est pas indifférent de faire le pansage à l'étable ou au grand air. Pour qu'il soit fait avec profit, sauf dans des cas particuliers de mauvais temps ou de maladie, les animaux doivent être sortis. Sans cette précaution nécessaire, les malpropretés qui sont enlevées, sous forme de poussière, retombent sur le corps des animaux, et on peut faire courir à ces derniers le risque de contracter des affections plus ou moins graves, soit en souillant les fourrages, soit en envenimant les plaies dont quelques-uns ont parfois à souffrir.

Rédactions. — 1. *Décrivez l'installation d'une étable et indiquez quelles conditions hygiéniques elle doit remplir.*

2. *Commentez le proverbe : « Si tu tiens à la peau, nettoie-la. »*

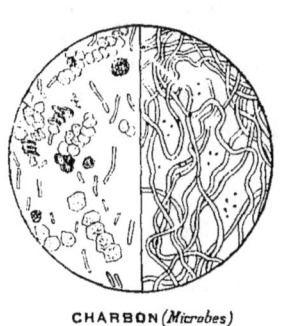
CHARBON *(Microbes)*

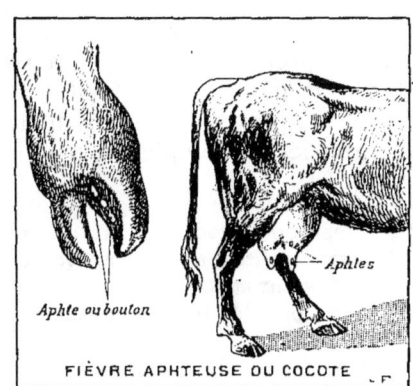
Aphte ou bouton
Aphtes
FIÈVRE APHTEUSE OU COCOTE

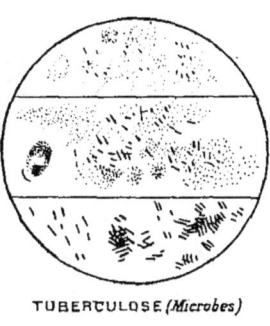
TUBERCULOSE *(Microbes)*

L'Animal domestique : ses maladies, épizooties

Mieux vaut prévenir que guérir.

1. **Maladies contagieuses.** — Malgré l'observation des règles prescrites par l'hygiène, les maladies, et surtout les maladies *contagieuses*, peuvent faire leur apparition à la ferme; mais, l'animal sain est rarement atteint et d'ailleurs résiste mieux au mal qui le frappe.

Les *épizooties,* ou maladies contagieuses des animaux de la ferme, sont dues à des microbes. En général, on les prévient par l'hygiène, et on les combat par des antiseptiques. Le *charbon*, ou altération du sang causée par un microbe, atteint toutes les espèces : la vaccination seule est efficace; la *fièvre aphteuse*, caractérisée par des éruptions ou aphtes à la bouche, aux **pieds** et à la **mamelle**, est également commune à toutes les espèces; on la combat par des lavages désinfectants (alun, eau boriquée, chaux, etc.); la *tuberculose* sévit sur l'espèce bovine, surtout sur les sujets âgés ou débiles : le séjour dans un air vicié y prédispose; le piétin et la clavelée (variole) attaquent les moutons; le rouget (variole), les porcs : on doit éviter l'humidité pour la première, vacciner pour la seconde et tenir les porcheries très propres pour la dernière.

2. **Précautions.** — La loi de 1881 rend obligatoires la déclaration à la mairie et l'isolement de l'animal atteint; les animaux abattus seront enfouis profondément et même brûlés; le local, enfin, sera désinfecté à l'eau phéniquée ou au chlorure de chaux.

3. **Associations.** — Les associations des éleveurs contre la mortalité du bétail sont subventionnées par l'État, à cause de leur utilité ; chaque éleveur verse annuellement à la caisse de la Société une somme proportionnelle à la valeur de la bête (1 fr. pour 100 par exemple) et, en cas de mort, cette

valeur ou la plus grande partie est remboursée au perdant. En outre, les associations peuvent se fédérer pour faire face aux pertes importantes.

Enfin, ces assurances, au premier degré, permettent, seules, la gestion gratuite, qui réduit les frais généraux et facilitent la surveillance mutuelle, ce qui diminue les risques en augmentant la confiance des adhérents ; aussi, sont-elles appelées à remplacer, peu à peu, les compagnies d'assurances.

Résumé. — 1. Les épizooties sont produites par des microbes : les plus communes sont le charbon, la fièvre aphteuse et la tuberculose : on les prévient par l'hygiène, on les combat par des antiseptiques.

2. En cas d'épizootie, il faut isoler les bêtes contaminées, faire la déclaration et désinfecter ensuite les locaux.

3. Les associations contre la mortalité du bétail sont des mutualités, entre éleveurs, subventionnées par l'Etat à cause de leur utilité.

Le Charbon

C'était en 1881. Pasteur venait de découvrir le vaccin du charbon. Loin de faire des vœux pour que son remède fût certain, on raillait son arrogance et sa fatuité d'homme de laboratoire.

Les paysans dont le bétail était sans cesse foudroyé par le mal, les vétérinaires impuissants à le guérir, s'ameutaient, ricaneurs, contre le grand homme, à la voix des sots et des jaloux. Haine et sarcasmes ne troublaient guère la sereine quiétude de Pasteur. Avec sa haute probité de savant, il ne voulait répondre que par l'évidence des preuves.

Se faisant l'interprète du scepticisme général, la Société d'agriculture de Melun offrit bêtes et champ d'expérience, pour démontrer l'illusion ou l'imposture du savant.

Plein de confiance, Pasteur accepta l'épreuve. Au jour dit, vingt-cinq moutons furent inoculés du vaccin du charbon. Dans un parc voisin, vingt-cinq autres ne subirent aucun traitement. Après quoi, Pasteur affirma que si l'on injectait aux cinquante moutons le liquide virulent, les vingt-cinq bêtes préalablement vaccinées resteraient indemnes et que les vingt-cinq autres succomberaient. Cette seconde opération fut faite, et date prise pour en constater les résultats, avec une grande solennité.

Le jour décisif arrive. Dès l'aube, une foule nombreuse s'est réunie. Elle n'était certes pas composée de croyants. Mais quelques heures avant l'arrivée de Pasteur, le dernier des vingt-cinq moutons, non vaccinés, venait d'expirer sans qu'un seul des vingt-cinq animaux vaccinés eût succombé. Aussi, malgré l'humiliation des meneurs, ces campagnards, s'apercevant enfin qu'ils iraient contre leur propre intérêt, l'accueillent par une immense acclamation.

G. LECOMTE.

Rédactions. — 1. *Epizooties.* — *Qu'appelle-t-on épizooties ? Quels sont les devoirs de l'éleveur en cas d'épizooties et quels moyens préventifs a-t-il à sa disposition ?*

2. *Assurances.* — *Parlez des assurances contre la mortalité du bétail.* — *Que pensez-vous de ces institutions et quel est à cet égard le devoir de l'agriculteur ?*

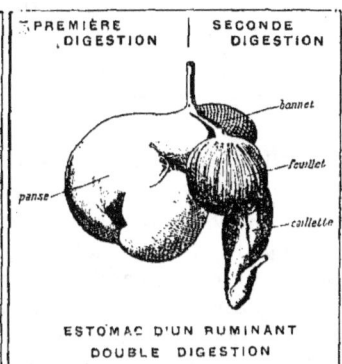

L'Animal domestique : son alimentation

Rationner, ne veut dire, ni priver, ni gaspiller, mais mesurer les aliments d'après les données de la science.

1. Rations. — L'animal qui jouit d'une bonne santé mange bien et profite de la nourriture qu'on lui donne. Mais cette nourriture doit varier selon ses besoins : il est évident qu'une bête qui est en pleine croissance ou à l'engrais, qui travaille ou donne du lait, exige des aliments plus nutritifs et plus abondants que celle qui ne fait rien ou ne produit rien. On distingue donc la **ration de production** de celle **d'entretien**, et l'éleveur doit connaître la valeur nutritive des aliments afin de bien composer les **rations** sans gaspiller, ni lésiner, mais d'après les données de la science et de manière à en obtenir le plus de profit possible.

2. Valeur nutritive. — Les aliments, en effet, n'ont pas tous la même valeur nutritive : ainsi, 60 kilogrammes d'avoine entretiennent un animal aussi bien que 100 kilogrammes de foin et de feuilles ou que 300 kilogrammes de paille de blé, ou encore 500 kilogrammes de tiges de maïs et de racines (navets, pommes de terre, etc.). Il est évident, dès lors, que les aliments riches, comme l'avoine et le foin, seront plus nombreux dans les rations de production que dans les rations d'entretien; d'ailleurs, un bon éleveur pèsera toujours ses rations et souvent son bétail, et pourra mieux comparer ainsi les prix réels à la valeur productive des aliments.

3. Degré de digestibilité. — D'un autre côté, les aliments ne sont pas aussi faciles à digérer les uns que les autres ; or, ce n'est pas ce que l'on mange qui nourrit, mais ce que l'on digère ; il en résulte qu'une bonne alimentation doit tenir compte du degré de digestibilité des aliments. Ainsi, les aliments durs et secs sont difficiles à digérer; mais leur division par le **hache-paille**, le coupe-racines, le concasseur, etc., ou leur cuisson sont autant d'opérations préparatoires de la digestion ; de même, le foin sera plus digestible et plus nutritif, à la fois, si les plantes qui le composent sont fauchées en fleurs. Ajoutons que le sel est un condiment qui favorise la digestion et que le sable est très utile pour celle de la volaille. En outre, l'animal ne doit pas boire après avoir mangé des graines, car l'eau les entraînerait sans profit pour lui ; il ne doit pas non plus changer brusquement de régime alimentaire, c'est-à-dire passer, sans transition, du sec au vert et réciproquement.

4. Appareil digestif. — Enfin, le volume des aliments doit être en rapport avec l'appareil digestif de l'animal. Quand ce dernier a absorbé sa ration, l'estomac ne doit être ni distendu, ni contracté : ainsi, la vache et le mouton, qui se contentent d'aliments peu nutritifs, doivent en absorber de grandes quantités ; d'ailleurs, leur **appareil digestif** très développé est organisé pour une double digestion ou **rumination**. Mais, cette absorption présente un inconvénient, surtout quand il s'agit de trèfle consommé vert ; la **panse** ou **rumen** est gonflée par les gaz de la digestion, ce qui peut amener la mort du ruminant : c'est la **météorisation**.

Résumé. — 1. L'alimentation raisonnée distingue la ration de production de celle d'entretien, la première plus nutritive et plus abondante que la seconde.

2. Les aliments riches ou azotés doivent dominer dans les rations de production.

3. Mais ce qui nourrit, c'est ce qu'on digère : division et cuisson des aliments faciliteront leur digestion.

4. Les ruminants absorbant de grandes quantités de fourrages verts sont exposés à la météorisation.

Météorisation

La météorisation est due à une fermentation qui s'opère dans le rumen et dans les autres parties du système digestif des ruminants. Elle est causée surtout par l'absorption d'une trop grande quantité de légumineuses ; mais certaines plantes, comme le coquelicot, y prédisposent en ralentissant les fonctions digestives et en empêchant la rumination. Le ventre devient volumineux, le flanc gauche s'élève graduellement et bientôt les saillies de la hanche disparaissent. La respiration devient de plus en plus difficile, par suite de la compression du poumon. L'animal se plaint, porte la tête au vent, salive beaucoup, urine fréquemment, se frappe le ventre, avec les pieds postérieurs, chancelle, tombe et meurt.

Les deux indications à remplir sont : 1° D'expulser ou de condenser les gaz ; 2° D'empêcher la fermentation en toniquant l'estomac.

On donne, dans ce but, jusqu'à 50 grammes d'éther dans un litre d'eau fraîche ou une cuillerée à bouche d'alcali à la place de l'éther. La camomille salée, le vin, le cidre sont recommandés pour tonifier l'estomac ; enfin, un mélange à parties égales d'huile et d'eau-de-vie est un moyen très énergique.

On a encore pour habitude, à la campagne, de placer dans la bouche de l'animal un bâillon en bois, ce qui favorise l'expulsion des gaz.

Enfin, quand ces moyens échouent et si les symptômes deviennent de plus en plus alarmants, il faut faire la ponction du rumen avec un trocart, et à défaut avec un couteau en introduisant ensuite, par l'ouverture faite, la canule d'une seringue ou un tube de sureau ; il reste à cicatriser une plaie qui doit être tenue propre.

Debry, *Vétérinaire moderne* (Broquet, édit.).

Rédaction. — *Alimentation des bestiaux.* — *Rendez compte à un ami, qui habite la plaine, de la méthode que l'on suit, chez vos parents, dans l'alimentation des bestiaux : composition des rations selon la production ou l'entretien.*

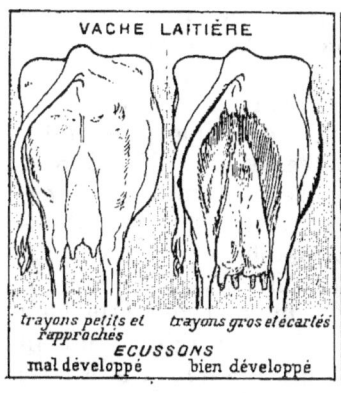

L'Animal domestique : son amélioration

Un bon éleveur spécialise les races selon les ressources et les besoins du pays.

1. La machine animale. — Avec la ration de production, l'animal devient une machine qui transforme les aliments en lait, viande ou travail. La nature de ces aliments et la race de l'animal ont, sur cette production, une influence prépondérante. L'expérience a montré, en outre, que les caractères des races se reproduisent par l'hérédité : aussi, l'éleveur doit-il *sélectionner* les reproducteurs. La méthode consiste à choisir, dans les divers produits issus d'une souche-mère, celui d'entre eux qui offre le plus de qualités, en vue d'en obtenir la reproduction ; à continuer, ensuite, avec les dérivés et à croiser, enfin, les plus parfaits de chaque espèce de façon à approprier leurs aptitudes aux besoins de la région.

2. Production du lait. — Ainsi, si on désire de *bonnes laitières*, il faut prendre des sujets ayant la peau douce et souple, la tête fine, les membres minces, mais l'*arrière-train* bien développé. De plus, le **pis** doit être peu charnu, c'est-à-dire petit, une fois vide, les **trayons** gros, allongés et placés en carré. Enfin, sur le pis, l'*écusson*, formé de poils qui ont pris une direction opposée aux autres, est considéré comme le réservoir du lait dont la quantité est proportionnelle à son étendue. A ces laitières, on donne, à l'étable, des aliments aqueux, plutôt verts que secs, et une boisson tiède et abondante. Mais l'alimentation au pâturage est préférable ; d'un autre côté, il ne faut pas oublier que plus les traites sont répétées, plus le lait augmente, mais qu'à partir de sept ans toute laitière perd de sa valeur.

3. Production de la viande. — Si l'éleveur vise la production de la viande de boucherie, les reproducteurs auront encore la peau fine, la tête petite, les cornes minces et courtes, mais avec des *membres* bien *écartés*, des *reins larges* et le dos formant *table* ; ces produits recevront des rations abondantes, fréquentes, variées et de plus en plus nutritives ; en outre, le sel et l'eau seront toujours à leur disposition, dans une demi-obscurité, à cause des mouches qui les inquiètent et leur occasionnent trop de mouvements.

4. Production de travail. — S'il s'agit, enfin, d'animaux de travail, on gardera des constitutions athlétiques, avec des membres épais, des têtes fortes, des fronts larges, en un mot, des **avant-trains** bien développés ; leur nourriture, toujours très nutritive, sera composée de foin, de graines : le foin sera mangé d'abord, les graines après et la boisson sera peu abondante, afin d'éviter la transpiration qui fatigue et affaiblit.

Pour tous, l'éleveur ne doit pas oublier que les animaux sont très sensibles aux bons traitements ; par intelligence ou par instinct, ils s'attachent et obéissent au maître qui les ménage et les soigne bien, mais ils regimbent parfois et donnent toujours un faible rendement, quand on les traite avec brutalité. La loi Grammont, d'ailleurs, punit les mauvais traitements envers les animaux domestiques.

Résumé. — 1. L'éleveur doit améliorer la machine animale par la sélection des reproducteurs et le choix raisonné des aliments.

2. S'il veut obtenir du lait, il recherchera les corps à arrière-train développé **avec** de larges écussons et donnera des aliments aqueux.

3. S'il désire de la viande, il gardera des dos forme table et fournira une **nourriture** abondante et variée.

4. Enfin, l'animal de travail aura un fort avant-train et recevra des aliments **très** nutritifs.

La Vache laitière

Bonne bête aux yeux bleus, celle-ci, c'est la Blanche.
Son lait intarissable, en longs ruisseaux, s'épanche.
Pauvre Blanche ! Elle est vieille, elle est maigre et point belle,
Les bouchers n'ont ici de dédain que pour elle :
Sa corne lisse et courte et son cuir souple et fin
Ne les séduisent pas. Elle mange à sa faim
Cependant, et ses os meurtrissent sa litière.
Oui ! mais c'est encore là ma meilleure laitière.

C. de Lafayette (Hachette, édit.).

Loi Grammont *(2 juillet 1850)*

« Seront punis d'une amende de cinq à quinze francs et pourront être punis « d'un à cinq jours de prison, ceux qui auront exercé publiquement et abusive- « ment des mauvais traitements envers les animaux domestiques.

« La peine de la prison sera toujours appliquée en cas de récidive. »

D'après la définition de la Cour de Cassation, on entend par mauvais traitements tous actes ayant pour résultat d'occasionner aux animaux des souffrances que la nécessité ne justifie point (Arrêt du 13 août 1858).

Rédaction. — *Quelles sont les races des animaux domestiques de votre pays ? Dites ce qu'on pourrait faire pour les améliorer.*

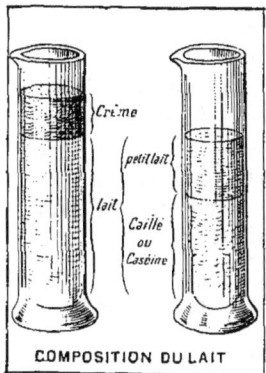  

COMPOSITION DU LAIT — ÉCRÉMAGE CENTRIFUGE — MALAXEUR MÉCANIQUE

Production animale : le lait

La propreté est le meilleur moyen de conservation.
DUCLAUX.

1. Composition du lait. — Le lait est souvent le seul produit animal exploité par l'éleveur : mais ce dernier ne peut en tirer tout le parti possible, s'il en ignore la composition, ainsi que la meilleure manipulation. Ce liquide est formé : 1° d'une matière grasse, légère, qui monte au repos, la **crème** ; 2° d'une autre azotée, lourde, qui se dépose, la **caséine** ; 3° de sucre et de matières minérales en dissolution dans 85 0/0 d'eau environ.

2. Sa manipulation. — Avec la crème, battue dans une baratte, on fait le **beurre** et il reste le babeurre ou lait battu. La caséine est le principe constitutif du **fromage**, qui est dur, comme le *Cantal*, mou, comme le *Camembert*, ou cuit, comme le *Gruyère* ; il reste un liquide jaunâtre, le petit lait, servant avec le lait battu, à l'engraissement des porcs. Quant au sucre, il ne tarde pas à fermenter et à se transformer en acide lactique qui fait tourner le lait. Mais le froid étant défavorable à toute fermentation, une bonne laiterie est toujours exposée au Nord, avec des fenêtres permettant d'établir des courants d'air et d'y maintenir une température de 12 à 15°. De plus, les *écrémeuses centrifuges* qui séparent la crème du lait, immédiatement après la traite, ont également pour but d'éviter cette fermentation ; ce qui est nécessaire, surtout, c'est de passer, tous les jours, à l'eau bouillante et souvent à la potasse, les vases et instruments de laiterie afin d'y détruire les ferments ou germes de décomposition [1]. Enfin, les *malaxeurs mécaniques*, qui pressent et nettoient parfaitement le beurre, en assurent mieux la conservation que la manipulation par les laitiers les plus soigneux. En trois mots : *fraîcheur, rapidité, propreté*, telle doit être la devise à inscrire sur la porte d'une bonne laiterie.

3. Son utilisation. — Mais les bonnes laiteries sont rares, car, pour les

(1) On recommande, en outre, de laver les mamelles à l'eau tiède et avant la traite du lait qui ne doit pas séjourner à l'étable à cause des mauvaises odeurs.

installer conformément aux données de la science, avec des instruments perfectionnés tels que les écrémeuses et les malaxeurs, il faut prévoir des revenus suffisants et, par conséquent, beaucoup de lait à traiter. Aussi, faudrait-il former, partout où la vente du lait ne s'effectue pas facilement, des associations de laitiers mettant le lait en commun. Ces *sociétés fruitières* donnent d'excellents résultats, d'abord parce qu'elles tirent du lait des produits plus abondants et meilleurs; ensuite, parce qu'elles permettent l'expédition en gros, bien plus rémunératrice que la vente au détail.

Résumé. — 1. Le lait se compose principalement de crème et de caséine.
2. On en fait le beurre et le fromage dans des laiteries où la plus grande propreté est de rigueur.
3. Les fruitières, ou associations de laitiers, doublent, dans certains cas, les revenus qu'on peut tirer du lait.

Une Laiterie modèle

C'était une laiterie modèle. Elle n'était point, comme cela se fait ailleurs, en communication directe avec l'étable; les émanations fâcheuses et les mouches n'y pouvaient pénétrer. Le lait y arrivait par un entonnoir muni d'un grand filtre qui traversait la cloison. De petites fenêtres garnies d'épais rideaux donnaient juste assez de jour pour qu'on pût écrémer. Le sol carrelé, le plafond, les murs étaient luisants de propreté. Les terrines qui s'alignaient sur de longues tables étaient nettoyées, en été, avec des orties et du sable, en hiver, avec du sable et du foin. Les planches de la table, où l'on déposait les cuillers étaient souvent lavées avec de l'eau de lessive et une brosse de chiendent. Tous les produits de l'égouttage dont l'odeur est âcre s'en allaient dans une citerne ouvrant sur la cour. Cette laiterie sentait bon.

Victor Cherbuliez, *Ferme du Choquart* (Hachette).

Les Fruitières

Les fruitières sont des établissements dans lesquels on réunit le lait d'un groupe de cultivateurs d'un hameau, d'une commune, et même de toute une région pour le transformer en beurre, fromage, ou autres produits de l'industrie laitière.

Tantôt ces fournisseurs de lait forment une *association coopérative* gérée par une commission qu'ils élisent eux-mêmes; tantôt ils font marché avec un *Fruitier* ou *Laitier* qui leur paye le lait à un prix déterminé et fabrique à ses risques et périls. Dans les deux cas, les éleveurs bénéficient des avantages d'une fabrication et d'une vente faite en commun.

Aussi serait-il désirable que des fruitières-modèles fussent installées près des agglomérations réunissant au moins deux cents vaches laitières et qu'elles fussent tenues par des fromagers sortant des fruitières-écoles départementales. Elles contribueraient puissamment à la prospérité de la région.

D'après le *Manuel de l'Arbre* du Touring-Club.

Rédactions. — 1. *La vache laitière.* — *Ses caractères.* — *Soins qu'elle exige.*
2. *Produits du lait.* — *Comment on les obtient.* — *Quels soins exige leur préparation pour qu'ils soient de bon goût et de bonne qualité?* — *Conditions de bonne installation d'une laiterie.* — *Avantages des associations laitières coopératives.*

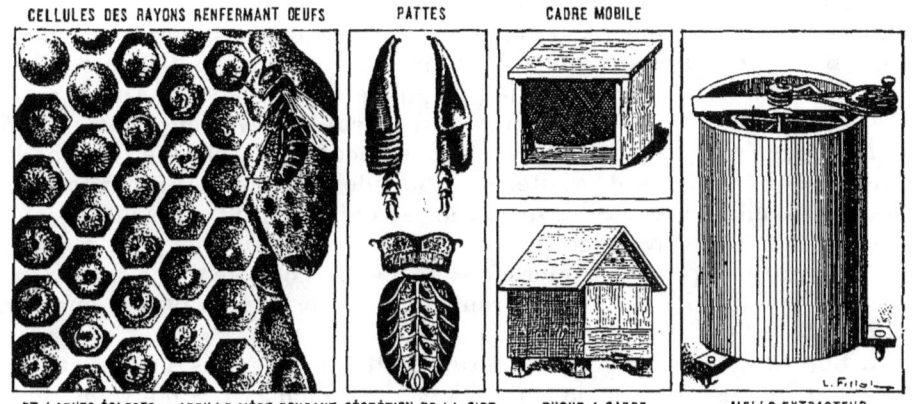

CELLULES DES RAYONS RENFERMANT ŒUFS — PATTES — CADRE MOBILE
ET LARVES ÉCLOSES — ABEILLE MÈRE PONDANT — SÉCRÉTION DE LA CIRE — RUCHE A CADRE — MELLO EXTRACTEUR

Un Insecte domestique : l'Abeille

Abeilles ! par la ruche et par votre art sauveur
La fuite des printemps nous devient moins amère.
                                        SULLY-PRUDHOMME.

1. L'insecte. — En dehors des animaux qui vivent avec l'homme, il y a encore un insecte presque domestique : c'est l'**abeille.** Chaque famille forme « une *république bien policée* » où tous les membres ont leur rôle déterminé : la **mère** ou reine s'occupe de pondre, après avoir été fécondée par un mâle ou bourdon ; de chaque œuf, déposé au fond d'un nid ou **cellule,** sort une **larve,** chenille qui se transforme en abeille *mère* (la plus grande), *mâle* (moyenne) *ouvrière* (la plus petite) selon la dimension du nid et la nourriture qu'on lui donne. Sur 20.000 ouvrières environ, il n'y a qu'une mère et quelques centaines de mâles.

2. Son travail. — Ces derniers seuls sont oisifs, mais, ils sont tués, avant l'hiver, par les ouvrières qui se partagent toute la besogne : les butineuses vont sucer au fond de la corolle des fleurs, le liquide sucré ou **miel** qu'elles rapportent, dans leur trompe, et déposent dans des cellules où il formera la réserve pour la mauvaise saison ; les cireuses, après avoir mangé de ce miel, se suspendent et sécrètent, par des **glandes abdominales,** la cire avec laquelle d'autres construisent les **cellules des rayons ou gâteaux ;** d'autres butineuses, au moyen de **pattes** creusées en corbeille avec crins formant, râteau récoltent, également sur les fleurs, une poussière jaune appelée pollen qui servira de nourriture quotidienne ; les nourrices, enfin, distribuent la nourriture aux jeunes larves ou couvent celles qui ne sont pas écloses.

3. Son habitation. — Quand ces larves sont devenues abeilles et si la place manque, une jeune reine élevée dans ce but, par les nourrices, s'expatrie avec la nouvelle famille : c'est un essaim. Il faut, pour lui, une nouvelle habitation ou *ruche* dont la forme varie selon le pays, « la meilleure étant celle qu'on connaît le mieux ». Cependant, les anciennes ruches, sont bien inférieures aux nouvelles munies de **cadres mobiles** que l'abeille garnit de rayons distincts de miel, de pollen ou de couvain. Aussi, au moment de la récolte, les cadres à miel seuls sont enlevés et placés dans des **extracteurs** qui les vident ; il n'est plus nécessaire d'étouffer les abeilles. En outre, il est facile de visiter les nouvelles ruches, de lutter contre les maladies contagieuses telles que la *loque* ou pourriture du couvain, en les désinfectant et de remplacer la mère si elle vient à manquer. Enfin, un rucher abrité, exposé de préférence au sud-est, non loin d'une source, mais garanti de l'humidité et des courants d'air, favorise le travail et augmente la récolte.

4. Son utilité. — En général, cette récolte paie les frais d'installation dès la seconde année et, dans la suite, c'est tout bénéfice. Les nouvelles ruches surtout produisent plus de miel, et un miel meilleur et plus pur. Ce miel peut remplacer avantageusement le sucre ; c'est, en outre, pour beaucoup de maladies, un remède, la *tisane aux mille fleurs* ; il peut être converti, enfin, en bon vin blanc ou hydromel. D'un autre côté, par leurs nombreuses visites aux fleurs, les abeilles facilitent la fécondation des plantes en portant du pollen de l'une à l'autre et augmentent, ainsi, les récoltes. C'est ce qui a fait dire à Chateaubriand que « *l'abeille est l'avant-garde du laboureur* ».

Résumé. — 1. Une famille d'abeilles comprend une mère, quelques centaines de mâles et 15 à 20.000 ouvrières.

2. Les ouvrières sucent le miel, ramassent le pollen et sécrètent la cire avec laquelle elles fabriquent les cellules des rayons.

3. Ces rayons, placés dans les cadres mobiles des ruches nouvelles, donnent un miel plus abondant et plus pur que dans les vieilles.

4. En somme, l'abeille fournit un supplément de revenu, sans supplément de travail, tout en augmentant les récoltes avoisinantes.

Les Abeilles de ma Tante

Elle avait entouré leur domaine d'arbres fruitiers ; le thym, la lavande, la marjolaine, le serpolet, enfin les plantes dont la fleur avait le plus d'attrait pour elles, leur offraient les prémices de la belle saison. Mais, lorsque la montagne commençait à fleurir, elles allaient chercher au loin de plus amples richesses.

Ce qui se passait sous mes yeux, ce que ma tante me racontait, ce que je lisais m'inspirait pour ce petit peuple un intérêt si vif que je m'oubliais avec lui et ne m'en éloignais jamais sans un regret sensible.

Depuis, et encore à présent, j'ai tant d'amour pour les abeilles que, sans douleur, je ne puis penser au cruel usage où l'on est, dans certains pays, de les faire mourir en recueillant leur miel. Ah ! quand la ruche en était pleine, chez nous, c'était les soulager que d'en ôter le superflu ; mais nous leur en laissions abondamment pour se nourrir jusqu'à la floraison nouvelle, et l'on savait, sans en blesser aucune, enlever les rayons qui excédaient leur besoin.

Marmontel, *Mémoires*.

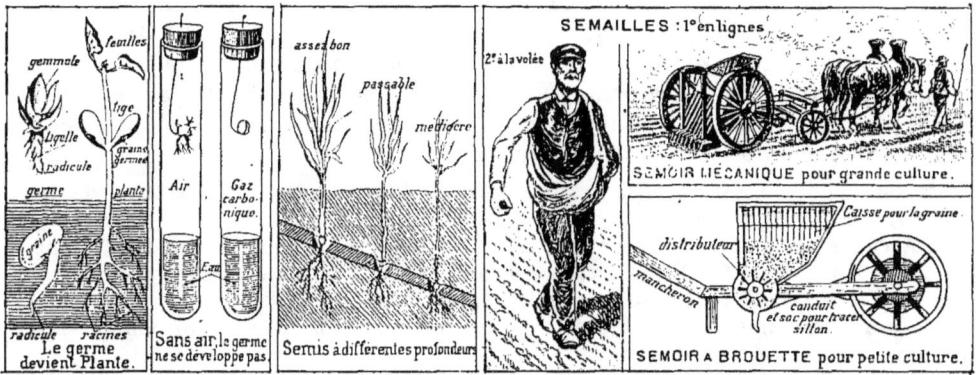

La plante et sa reproduction : Semailles

« La graine est l'œuf de la plante. »

1. Reproduction de la plante. — En dehors des produits (viande, lait, etc.) fournis par l'animal domestique, ce dernier est encore précieux, par son travail, dans la culture des plantes ; mais ce travail n'est vraiment rémunérateur qu'autant que la culture est bien faite, et, pour bien cultiver une plante, il est nécessaire de connaître d'abord comment elle se **reproduit**, puis, comment elle se nourrit et enfin, comment elle se développe.

La nature reproduit la plante par la **graine** ; cette dernière renferme, en effet, une petite plante ou *germe* qui se développe quand il trouve de la **chaleur**, de l'**air** et de l'**eau** : la partie allongée ou **radicule** devient la **racine** qui s'enfonce dans le sol ; la partie du milieu ou **tigelle** se transforme en *tige* qui entraîne la graine vide, hors du sol ; la **gemmule** formera les premières **feuilles** de la plante.

2. Germination de la graine. — 1° **Chaleur.** — Il faut d'abord de la chaleur au germe, pour sortir, et certaines graines ne peuvent germer qu'au-dessus de 5 degrés de chaleur : voilà pourquoi les *semailles* ont lieu après ou avant l'hiver, les plantes les moins frileuses, comme le blé et le seigle, pouvant être semées en automne sur la montagne.

2° **Air.** — Avec la chaleur, il faut encore de l'*air* au germe. Ainsi, si on place deux graines dans deux *éprouvettes* dont l'une renferme de l'acide carbonique, le **manque d'air** empêchera ou retardera la germination ; aussi, une graine enfouie trop *profondément* reste inerte ou *germe mal*. En général, une graine doit être enterrée à cinq fois son diamètre ; ce résultat n'est pas toujours obtenu avec la charrue ; il est donc préférable de se servir de la herse ou d'un fagot d'épines, pour enfouir les petites graines.

3. Semailles. — En outre, en semant *à la volée*, on ne répand pas uniformément la semence ; certains endroits en reçoivent trop, d'autres, pas assez. Il vaut mieux employer les *semoirs mécaniques* qui sèment en ligne et à une profondeur uniforme ; ils économisent un tiers de la semence et de plus favorisent la germination des graines d'abord, le développement des plantes ensuite et plus tard leur culture.

Résumé. — 1. Le germe de la graine reproduit la plante quand il trouve de la chaleur, de l'air et de l'eau.

2. A cause de la chaleur nécessaire à la germination, les semailles se font avant ou après les grands froids ; et, comme il faut aussi de l'air, les graines ne doivent pas être enterrées à plus de cinq fois leur diamètre.

3. Aussi l'emploi du semoir mécanique qui répand et enfonce uniformément les graines est très avantageux.

Les Semailles d'automne

De longues pluies venaient de retarder les semailles d'automne ; on avait encore fumé en août et les labours étaient prêts depuis longtemps, profonds, nettoyés des herbes salissantes, bons à redonner du blé... Le temps s'était mis brusquement au froid : aussi, la crainte des gelées prochaines faisait-elle se hâter les cultivateurs.

Jean, un semoir de toile bleue noué sur le ventre en tenait la poche ouverte, de la main gauche et, de la main droite, tous les trois pas, il y prenait une poignée de blé, que, d'un geste, à la volée, il jetait. Ses gros sabots trouaient et emportaient la terre grasse, dans le balancement cadencé de son corps. Et toujours, et du même pas, avec le même geste, il allait au nord, il revenait au midi, enveloppé dans la poussière vivante du grain, pendant que, derrière, pour enfouir le grain, une herse avançait lentement d'un train doux et réfléchi.

E. Zola, *la Terre* (Fasquelle, édit.).

Le Semeur

Dans les terres, de nuit baignées
Je contemple, ému, les haillons
D'un vieillard qui jette à poignées
La moisson future aux sillons.

Il marche dans la plaine immense,
Va, vient, lance la graine au loin,
Rouvre sa main et recommence.
Et je médite, obscur témoin.

Pendant que, déployant ses voiles,
L'ombre où se mêle une rumeur
Semble élargir jusqu'aux étoiles
Le geste auguste du semeur.

VICTOR HUGO.

Rédaction. — 1. *Un vieux domestique dit à son jeune maître, qui vient de faire l'acquisition d'un semoir mécanique, que c'est là du « luxe inutile ». Que pensez-vous de cette réflexion ?*

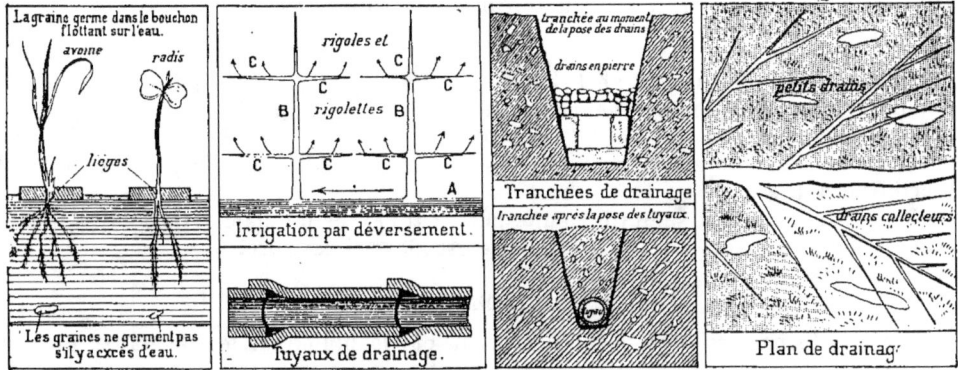

La Plante et l'Eau

*L'eau doit circuler partout
et ne s'arrêter nulle part.*

1. Utilité de l'eau. — La chaleur et l'air ne suffisent pas au germe pour se développer, l'eau lui est encore nécessaire : ainsi, une *graine* placée dans un *bouchon* ne germera que si le bouchon flotte sur l'eau ; aussi, conserve-t-on les graines dans un endroit sec. Plus tard, il faudra encore de l'eau au germe, devenu plante, puisque toute plante en renferme *plus de 70 pour 100* de son poids et que la *sève*, comme le *sang*, ne pourrait circuler, si elle était solide. Voilà pourquoi, on supplée à l'eau de pluie, par l'eau de source ou l'eau courante, en temps de sécheresse.

2. Irrigation. — Il faut arroser ou *irriguer* : au printemps, pour les prairies, en été, pour les légumes, en hiver, pour les champs; si l'arrosage est superficiel ou fait en plein soleil, il se forme, sur le sol, une *croûte* nuisible pour les plantes. L'eau courante est, en général, la meilleure : 1° parce qu'elle est plus *aérée*; 2° parce qu'elle fertilise le sol par les *matières* qu'elle renferme. Enfin, si on utilise une eau de source, plus froide que l'air, il est préférable de la laisser séjourner dans des bassins avant de l'employer, le froid n'étant pas favorable à la végétation.

3. Drainage. — Mais l'eau, même la meilleure, *ne doit pas rester longtemps* sur les plantes, car, en empêchant l'air de pénétrer dans le sol, elle retarde la germination, ralentit la végétation, pourrit souvent les graines et les racines et s'oppose enfin à la décomposition des engrais; aussi, les mauvaises plantes, telles que la renoncule et le jonc, finissent par prendre la place des bonnes dans les terrains trop humides et marécageux.

Le *drainage* consiste à donner l'écoulement, à l'excès d'eau, au moyen de fosses ou *rigoles* au fond desquelles on place des **pierres** ou des **drains**, espèces de *tuyaux*, en terre poreuse. Cette opération est nécessaire partout où après de fortes pluies, l'eau séjourne au fond des trous pratiqués dans le sol.

Résumé. — 1. L'eau est nécessaire à la plante pour la germination d'abord, pour la formation de la sève nourricière ensuite : on arrose ou on irrigue, en temps de sécheresse.

2. L'eau courante est la meilleure, parce que moins froide, plus aérée et plus fertilisante que de l'eau de source.

3. Mais elle ne doit séjourner nulle part, car l'excès d'humidité nuit à la végétation des plantes cultivées et le drainage est alors nécessaire.

L'Eau, source de vie

Il est fort singulier de voir l'effet produit, par la pluie, sur les végétaux ; hier, il y avait sur le sable de l'allée une sorte de petits filaments racornis, tortillés, grisâtres dont il était impossible de reconnaître la forme ; aujourd'hui, les petits filaments se sont redressés, ont pris la couleur verte et se sont étalés en feuilles, et tout un monde d'animaux microscopiques prend ses ébats dans cette forêt en miniature.

Une goutte de pluie a fait ce miracle.

L'eau, en effet, est, avec le soleil, la source même de la vie. Quand l'eau disparaît, la vie disparaît avec elle. On assure qu'avec quinze jours de moins de pluie, par an, Montpellier agoniserait dans un désert, tandis qu'avec quinze jours de pluie supplémentaire, le Sahara aurait peut-être de grandes villes.

Malgré tout, il pleut toujours un peu dans le Sahara ; et le peu d'eau du ciel qui s'y égare entretient des sources ; les sources évoquent des oasis à la fois jardins et forêts, clairsemés de palmiers-dattiers.

Voici la Durance : elle transforme le désert de la Crau, champ de cailloux devenu verger, jusqu'à la limite qu'atteignent rigoles et rigolettes ; elle a répandu la fraîcheur et la vie ; et l'on attend plus encore du Rhône, dix fois plus puissant que la Durance.

Ce maître fleuve fonce droit devant lui, vers le sud, avec 2.000 mètres cubes environ par seconde : deux millions de litres ! A lui d'instaurer l'oasis à la place du steppe, au pied des Alpes, des Cévennes, des Garrigues.

Voilà le canal d'Alaric, nom venu, dit la légende plutôt que l'histoire, d'un roi visigoth du ve siècle qui en avait décrété le creusement. Tiré de l'Adour, dans la banlieue de Bagnères, il marche, au nord, pendant 58 kilomètres, avec 5 mètres de largeur, arrosant le beau « Piémont » de la Bigorre, au pied des blanches Pyrénées, rafraîchissant des prairies nourricières de chevaux et des champs d'où s'élancent de superbes maïs.

Aussi, partout où l'on irrigue, on se dispute avidement l'eau. Mais qui a droit d'user s'arroge le droit d'abuser, et les usagers de l'eau noient souvent leurs prairies sous un déluge, mêlant des joncs et des roseaux à leurs gazons, heureux si la sécheresse jaunit le champ du voisin.

D'après O. RECLUS (*Manuel de l'Eau* du Touring-Club).

Rédaction. — *Sécheresse et humidité.* — *Inconvénients de l'excès de sécheresse ou de l'excès d'humidité pour la vie des plantes.* — *Comment peut-on combattre ces inconvénients ?*

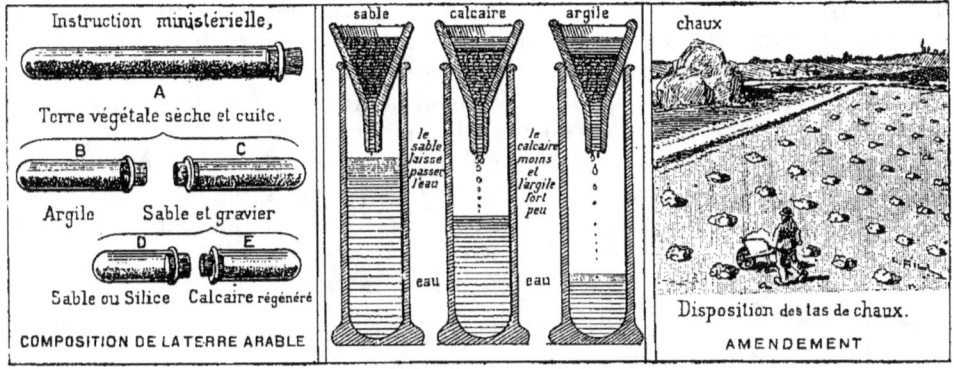

La Plante et le Sol

« *Connais ton sol, corrige ses défauts.* »

1. Composition du sol. — L'air et l'eau étant indispensables à la reproduction de la plante, le meilleur sol sera celui qui fournira l'un et l'autre, c'est-à-dire qui sera perméable à l'air, tout en gardant, cependant, assez d'humidité. L'agriculteur doit donc connaître son sol et savoir distinguer ses qualités et ses défauts : il doit le connaître pour l'améliorer.

La terre végétale, ou sol cultivé, se compose de trois éléments principaux: l'*argile*, le *sable* et le *calcaire* mélangés à l'*humus* ou ensemble des matières organiques décomposées.

2. Analyse. — Prenons une poignée de **terre végétale** (A) et plaçons-la dans une pelle, sur le feu ; l'humus disparaît ; versons alors de l'eau sur cette terre : l'*argile* (B) se dissout ou reste en suspension dans l'eau ; le **sable** et le **calcaire** (gravier) (C) se déposent ; on les sépare avec un acide (vinaigre) qui attaque le calcaire en produisant un bouillonnement ; si on filtre, le sable reste (D) et si l'on ajoute une solution de carbonate de soude ou de lessive de cendres au liquide filtré, le calcaire se reforme (E). On peut ainsi se rendre compte de la composition physique d'un sol en séparant ses éléments : c'est ce qu'on appelle en faire l'*analyse*.

3. Différents sols. — Les sols où le sable et le calcaire dominent sont perméables et retiennent peu d'eau (éprouvettes 1 et 2) ; en général, ils sont de couleur blanchâtre, secs, légers et faciles à travailler, car leurs mottes s'émiettent facilement ; la fougère, la bruyère, l'ajonc, la petite oseille et le genêt poussent dans les siliceux, le buis, le coquelicot, la centaurée et le chardon dans les calcaires ; ces sols conviennent aux prairies, à la pomme de terre, au seigle, au sapin et aux arbres fruitiers. Si c'est l'argile qui domine, le sol garde l'eau (éprouvette 3) ; de couleur jaunâtre, le sol argileux est pâteux et difficile à labourer, car les tranches luisantes, grasses au toucher, adhèrent à la charrue et, en séchant, deviennent compactes et dures : le blé, le chêne, le hêtre y poussent bien, le prêle, la saponaire et le dactyle pelotonné y viennent spontanément. Enfin, si la terre est de couleur noirâtre, c'est un signe qu'elle possède beaucoup d'humus ; on y trouve surtout la menthe poivrée. L'humus donne du corps aux terrains légers et rend perméables les terrains forts ou argileux ; il a donc les avantages de l'argile, sans en avoir les inconvénients.

4. Amendements. — Le sol le meilleur ou terre franche convenant à toutes les cultures renferme moitié argile, un quart sable et l'autre quart calcaire et humus. On modifie la composition des sols en leur apportant le ou les éléments absents ou ne se trouvant pas en quantité suffisante. Les éléments ajoutés reçoivent le nom d'*amendements*.

Résumé. — 1. Le sol se compose de trois éléments principaux : l'argile, le sable et le calcaire mélangés à l'humus.

2. Séparer les éléments du sol, c'est en faire l'analyse physique.

3. Un sol trop siliceux ou calcaire est sec ; un sol trop argileux est humide et fort.

4. On corrige les défauts des sols par des amendements.

Nature des Terres

D'après le comice agricole de Castres, on peut reconnaître la nature des terres, par le toucher, l'ouïe, l'odorat et les yeux.

Par le toucher. — Prenez la terre dans la main. Est-elle dure, graveleuse ? Elle contiendra plus ou moins de sable. Est-elle douce, maniable ? Elle en contient peu.

Par l'ouïe. — Mettez une pincée de terre, entre les dents, ou écrasez la terre sur une assiette. Si un craquement se produit, c'est que la terre est sablonneuse.

Par l'odorat. — L'argile a une odeur qui lui est propre. Prenez une motte de terre et sentez-la. Si l'odeur, dont nous parlons, frappe les narines, c'est de l'argile ; absence d'odeur, le sol est sablonneux ou calcaire.

Par les yeux. — Faites bouillir de la terre avec de l'eau, si le liquide est jaune brun, c'est qu'il y a de l'humus. Si vous imprégnez de fort vinaigre une motte de terre et qu'il se produise des bouillonnements, cette terre contient du calcaire.

Les Amendements

Amender une terre, c'est corriger ses défauts : une terre argileuse est trop humide, une terre sablonneuse, trop légère, une terre calcaire, trop sèche. On fait disparaître ces inconvénients en ajoutant au sol l'élément qui lui fait défaut. Les amendements les plus employés sont la marne et la chaux. La marne est une espèce de pierre blanche (calcaire) ou jaune (calcaire et argile) utilisée surtout dans les terrains sablonneux. Quant à la chaux, elle est utile à la fois dans les terres fortes qu'elle rend plus perméables à la chaleur, à l'air, à l'eau, et dans les terres légères ou sablonneuses qu'elle rend plus aptes à recevoir les eaux pluviales. On dépose l'une et l'autre en petits tas qui se réduisent en poudre par l'effet des pluies et des gelées d'hiver et on les enterre ensuite, au printemps, au moyen d'un léger labour. Règle générale on se trouve bien de marner ou de chauler faiblement (10 hectolitres par hectare) tous les trois ans. Un bon agriculteur d'ailleurs est comme un bon médecin : il dose le remède, selon la gravité du mal.

Rédaction. — *Le sol, sa composition.* — *Montrez que l'agriculteur a tout intérêt à connaître le sol qu'il cultive.*

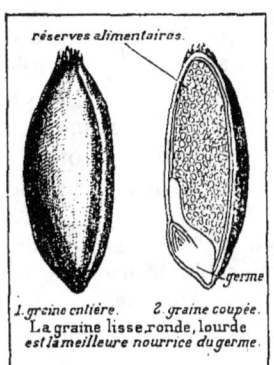 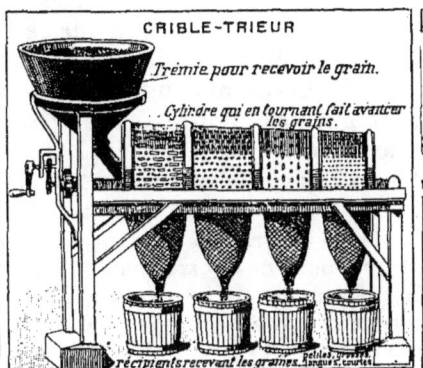 

Nourrice de la plante : semence

Les graines de mauvaise qualité donnent rarement de bonnes récoltes.
RENÉ LEBLANC.

1. Graine-nourrice. — Le germe, qui se développe dans le bouchon flottant sur de l'eau pure, prouve que la graine suffit à sa première subsistance : à côté du germe se trouve, en effet, un véritable magasin de *réserves alimentaires*. Pas de mère, pour soigner la jeune plante, pour la nourrir; elle se tire d'affaire, toute seule, grâce aux provisions que dame Nature lui a données. C'est donc la graine qui remplace le biberon, c'est elle la véritable nourrice de la plante. Aussi, importe-t-il de la bien choisir : si elle est lisse, ronde et lourde, cela prouve qu'elle est capable de remplir sa mission. L'agriculteur doit donc choisir sa graine, s'il désire obtenir une belle plante, comme il doit sélectionner les reproducteurs, s'il veut améliorer ses animaux domestiques.

2. Choix. — Le *crible-trieur* fait un choix, un triage mécanique des graines, en les classant, d'après leur volume, au moyen de toiles et cylindres métalliques à mailles ou trous progressivement moins larges. Il serait cependant préférable de prendre les plus beaux épis et dans ces derniers les plus belles graines, celles du milieu : ce serait la *sélection naturelle* applicable également aux grains du maïs et aux tubercules des pommes de terre; les poussiers de foin ou balayures de fenils employés trop souvent dans la création des prairies naturelles produisent un résultat médiocre à cause des mauvaises graines qu'ils renferment; il faut leur préférer les graines spécialement obtenues à cet effet.

3. Pouvoir germinatif. — Mais certaines graines, trop vieilles ou mal conservées, ne germent pas ou germent mal : en les plaçant dans une feuille de papier buvard pliée et posée sur l'eau d'une assiette, on observe leur **pou-**

voir germinatif. On peut suivre, ainsi, la marche des graines qui se gonflent et poussent leurs germes au dehors ou se couvrent de moisissures comme cela arrive au bout de peu de jours pour celles qui ont perdu leur faculté germinatrice. On voit très bien s'il y a de la graine vieille mélangée avec de la nouvelle, celle-ci germant plus promptement. De cette façon on peut juger si la semence germe à moitié ou aux trois quarts et augmenter dans la même proportion la quantité à semer. Il faut, enfin, tenir compte du climat d'origine et s'adresser au syndicat agricole, pour tout achat de graines.

Résumé. — 1. La graine est la nourrice de la plante : il importe de la bien choisir.

2. Le *crible-trieur est bon pour ce choix* ; mais il est préférable de prendre les plus belles graines, dans les plus beaux épis : c'est la sélection naturelle.

3. Si on achète la semence, il faut observer son pouvoir germinatif et s'adresser au syndicat pour éviter la fraude.

Moyens d'obtenir de bonnes semences

Parmi les perfectionnements que la plupart des cultivateurs peuvent introduire dans la production de leurs céréales, celui qui donnera le plus de profit, celui qui en abaissera le prix de revient de la manière la plus certaine, parce qu'il permet d'en augmenter, à peu de frais, le produit brut, dans une proportion souvent considérable, c'est le choix de variétés bien appropriées au climat et aux terres de leur ferme.

Avant d'importer dans une ferme de nouvelles variétés, il faut commencer par tirer le meilleur parti possible de celles que l'on a l'habitude d'y cultiver. Il faut chercher à les améliorer par la sélection, en choisissant, non pas seulement les plus beaux grains, mais les grains provenant des plus beaux épis et des plants qui ont à la fois le plus de beaux épis et une paille assez forte pour les porter, sans être exposée à la verse. C'est la méthode la plus sûre et la plus économique pour se procurer de bonnes semences.

Ce qu'il y a de mieux, c'est de faire son choix sur les plantes, encore debout, avant la moisson, et de donner la préférence à celles qui sont bien saines, avec deux ou trois tiges aussi égales que possible, à paille forte, surmontées d'épis longs et bien remplis. Sinon, on peut encore arriver à d'excellents résultats en faisant couper, sur le blé en javelles ou déjà lié en gerbes, par des femmes ou des enfants intelligents, les plus beaux épis, puis en les faisant battre ou égrener à part et semer dans un bon coin de terre. En choisissant ainsi chaque année de quoi faire une dizaine de litres, on en aura l'année suivante assez pour ensemencer un hectare, et, en continuant avec persévérance cette méthode de sélection, on sera certain d'obtenir les blés les mieux adaptés au sol et au climat de l'ensemble de la ferme.

E. RISLER, *Physiologie et Culture du blé* (Hachette).

Rédaction. — *Semences.* — *Comment se nourrit la jeune plante au début de son existence? Tirez-en les conclusions pratiques sur le choix des graines destinées à reproduire la plante et terminez en montrant comment l'agriculteur peut se procurer de bonnes semences.*

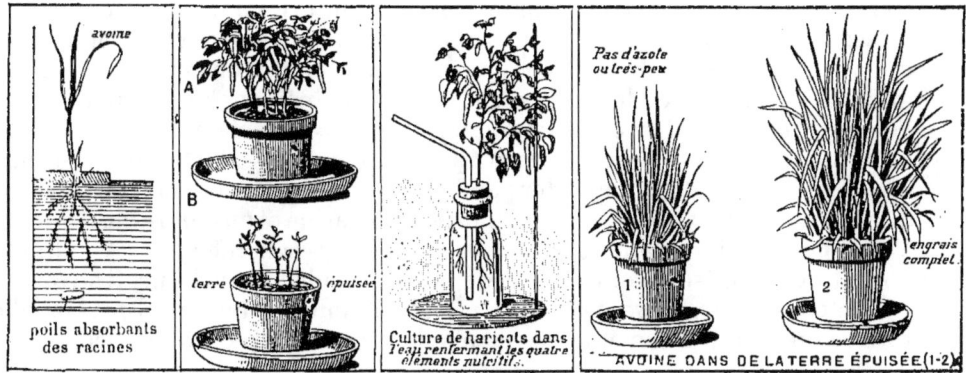

Alimentation de la plante : par les racines

Le sol n'est qu'un support, un garde-manger pour la plante.

1. Alimentation végétale. — Quand la nourrice du germe n'a plus de lait, c'est-à-dire quand la graine est épuisée, le germe doit chercher sa nourriture ailleurs; il le fait par les **poils absorbants** des **racines**, qui puisent, dans le sol, les éléments nécessaires à la plante.

2. Nécessité. — Dans la nature sauvage, la plante meurt, pourrit et rend au sol ce qu'elle lui avait pris; dans la nature cultivée, l'agriculteur doit rendre au sol ce que les récoltes lui enlèvent, sinon ce sol *s'épuise* et produit de moins en moins : c'est ce que montre la culture des haricots dans les deux pots G et D : ceux de la terre épuisée ont poussé avec la nourriture fournie par la graine, puis *ont cessé* de croître; les autres se sont développés d'abord avec la graine, puis *avec les éléments* pris à la terre.

3. Quatre aliments. — Ces éléments ou aliments de la plante sont nombreux, 14 au moins; mais il y en a quatre absolument nécessaires pour son développement; ce sont : l'*azote*, le *phosphore*, la *potasse* et la *chaux*. Leur réunion satisfait à toutes les exigences de la vie végétale; ces éléments, dissous dans l'eau pure, suffisent, en effet, pour assurer l'alimentation de la plante et son développement : c'est ainsi qu'un pied de haricot se développe et fructifie avec l'**eau nutritive du flacon**; le sol n'est donc qu'un *support*, un *garde-manger* pour la plante.

4. Absence ou insuffisance d'un aliment. — Mais l'agriculteur doit veiller à ce que ce garde-manger soit toujours au complet, c'est-à-dire que tous les aliments y soient représentés et bien équilibrés, car, si **l'un manque** ou devient *insuffisant*, le développement de la plante n'est pas complet : ainsi, on a mis dans les caisses 1 et 2 de la terre épuisée mélangée à de la potasse, du phosphore et de la chaux et on y a semé de l'avoine ; l'avoine levée, la caisse 2 seulement a reçu de l'azote ; dans la caisse n° 1 l'un des éléments nutritifs l'azote ne s'est trouvé qu'en minime quantité (la terre la plus pauvre en renferme toujours un peu) ; aussi, la végétation a souffert et le rendement sera proportionnel à la quantité de l'élément *insuffisant;* c'est comme le pâtissier qui réclame 2 kilogrammes de farine, 1 kilogramme de sucre et 12 œufs, pour faire un gâteau ; si le sucre manque, il ne peut le remplacer par de la farine et réciproquement, et s'il n'a que 6 œufs, il ne pourra utiliser qu'un kilo de farine et un demi-kilo de sucre. Voilà pourquoi certains agriculteurs, qui ne recherchent pas l'aliment absent ou insuffisant, obtiennent de faibles rendements. Pour trouver s'il y a un élément *insuffisant,* on fait analyser chimiquement le sol par un laboratoire ou on fait soi-même des essais dans un champ d'expériences.

Résumé. — 1. Quand la graine est vide, le germe puise sa nourriture, dans le sol, par ses racines.

2. Les récoltes prennent donc au sol les éléments composant les plantes : azote, phosphore, potasse et chaux ; il faut les lui rendre.

3. Le sol n'est qu'un garde-manger, car les aliments, dissous dans l'eau, assurent le développement de la plante.

4. Mais ce garde-manger doit être au complet, le développement de la plante se faisant en raison de l'aliment insuffisant.

Champ d'expériences pour une Exploitation agricole

L'agriculteur qui veut faire de la culture raisonnée et rémunératrice, doit, avant tout, choisir dans son domaine, pour y établir un champ d'expériences, la pièce de terre qui représente le mieux la qualité moyenne du sol.

Le moyen est essentiellement pratique, accessible à tous.

Si l'on fait des expériences parallèles, l'une avec l'engrais complet, l'autre sans le secours d'aucun engrais :

La première donne une récolte excellente, et la seconde une récolte détestable.

La conclusion est forcée : la terre manque des quatre termes de l'engrais complet.

En manque-t-elle au même degré ?

Pour le savoir, il suffit d'ajouter quatre expériences nouvelles aux deux précédentes, à l'aide d'engrais de la composition desquels on aura eu soin d'exclure, à tour de rôle, chacun des termes : phosphate, azote, potasse et chaux.

1° engrais sans azote ; 2° engrais sans phosphate ; 3° engrais sans potasse ; 4° engrais sans chaux.

Et, suivant que la récolte obtenue à l'aide d'un engrais incomplet se rapprochera ou s'éloignera de celle qu'aura donnée l'engrais complet, on pourra conclure, en toute assurance, que la terre est pourvue ou manque du terme qu'on a exclu de la composition de l'engrais.

Rédaction. — *Comment la plante puise-t-elle sa nourriture dans le sol ? De quoi se compose cette nourriture ? Qui doit la fournir ? Que doit faire l'agriculteur avant de la fournir.*

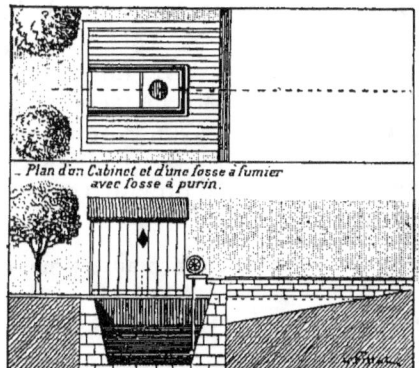
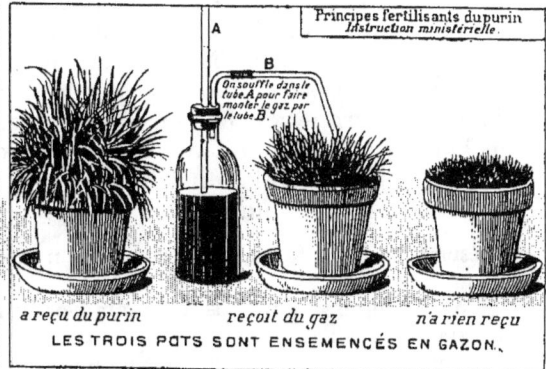

Aliment ordinaire de la plante : fumier

Un fumier bien soigné a une valeur fertilisante double.

1. Composition du fumier. — L'aliment ordinaire de la plante est le fumier de ferme : c'est un aliment complet, car, formé des résidus solides et liquides de la digestion des animaux et de la litière, composée en général de plantes sèches, il renferme tous les éléments des plantes ; la litière ayant surtout pour but de sécher le sol, la meilleure est celle qui retient le mieux le purin, comme la paille des céréales, les tiges du maïs et les feuilles des arbres ; à défaut, on se sert de terre, de sciure ou encore de fougères et de bruyères.

2. Fumier non soigné. — Mais le fumier n'est le premier des engrais qu'à condition d'être bien soigné. Or, le séjour du fumier, à l'air chaud de l'étable, favorise sa fermentation et, par suite, la perte de ses gaz ; il faut donc l'enlever fréquemment, mais éviter de le laisser ensuite à la pluie, qui entraîne le purin ou de l'exposer au soleil, qui le fait évaporer. Un fumier, ainsi abandonné, perd la plus grande partie des éléments fertilisants et la récolte s'en ressent, comme le montre l'expérience des *trois pots ensemencés en gazon*. On a calculé que les cultivateurs français laissent perdre, ainsi, annuellement, un demi-milliard, soit 25 francs environ par tête de bétail et par an ; notons, en outre, que l'air est toujours vicié par les gaz et la boisson souvent contaminée par le purin.

3. Fumier soigné. — Pour conserver au fumier toute sa valeur, le tas doit être placé, à l'abri, sur une *plate-forme* imperméable, inclinée et élevée de façon que l'eau de pluie ne puisse entraîner le purin qui s'écoulera dans une *fosse cimentée* ; cette dernière recevra de plus, par les rigoles de l'étable, le purin échappé à la litière. Ce purin servira ensuite, en l'additionnant avec quatre fois son volume d'eau, à arroser jardin, champs et prairies ; il sera surtout utilisé pour arroser, de temps en temps, le tas de fumier, afin de le tenir humide et d'éviter ainsi le dégagement et la perte des gaz. Dans le même but, le tas sera disposé par couches serrées, tassées. En un mot, il faut que la masse entière soit pénétrée de purin, et dressée de façon qu'à distance on croie voir le mur d'une citadelle. A cette vue, on sera édifié sur le mérite de l'exploiteur, tant est vraie cette phrase de Boussingault : « On peut juger, de l'industrie et du degré d'intelligence d'un cultivateur, par les soins qu'il donne à son fumier.»

Résumé. — 1. Le fumier de ferme est un aliment complet, pour la plante : mais il exige des soins.

2. Non soigné, il perd ses éléments fertilisants liquides et gazeux, vicie l'air et souvent la boisson.

3. Pour conserver la valeur du fumier, il faut le tasser, à l'abri, et l'arroser souvent de purin soigneusement recueilli dans une fosse cimentée.

Le Purin

Deux voisins vivaient en paix lorsqu'une infiltration de purin, à travers un mur mitoyen, amena la discorde : l'un prétendait ne pouvoir retenir le filet noirâtre, l'autre refusait de le recevoir dans sa cour. Un procès allait s'engager quand le fils du plaignant revint à la maison paternelle après un séjour de deux ans dans une école pratique d'Agriculture, et au lieu de fermer les fissures donnant accès au purin du voisin, il s'avisa de les agrandir et de les faire aboutir à une fosse. Le liquide d'où venait tout le mal fut ainsi soigneusement recueilli, puis répandu sur un pré voisin : le résultat en fut merveilleux et détermina le voisin à pratiquer lui aussi une fosse afin de ne plus perdre le purin de ses fumiers.

Le purin est, en effet, un élément fertilisant d'une grande puissance.

« C'est de l'or liquide, dit Victor Hugo, c'est de la prairie en fleur, c'est de
« l'herbe verte, c'est du serpolet et du thym et de la sauge, c'est du gibier, c'est du
« bétail, c'est le mugissement satisfait des vaches, le soir, c'est du foin parfumé,
« c'est du blé doré, c'est du pain sur votre table, c'est un sang chaud dans vos
« veines, c'est de la santé, c'est de la joie, c'est de la vie...

« Rendez cela au grand creuset; votre abondance en sortira. Vous êtes maîtres de
« perdre cette richesse et de me trouver ridicule par-dessus le marché. Ce sera le
« chef-d'œuvre de votre ignorance. »

Rédactions. — 1. *On dit que le fumier de ferme est un engrais complet. Expliquez ce que cela signifie. Indiquez les précautions à prendre pour éviter que le fumier perde de sa valeur.*

2. *Le purin.* — *Manière de le recueillir et de l'employer. Pertes qu'éprouvent les cultivateurs qui négligent de le recueillir. Inconvénients qui résultent pour la santé des personnes et des animaux du manque de soin dans la conservation du purin.*

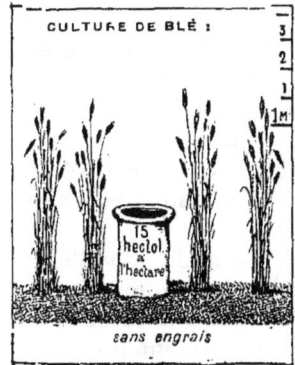  

Aliments complémentaires : engrais chimiques

Les aliments doivent varier selon les besoins de la plante et du sol.

1. Fumier insuffisant. — Le fumier de ferme est l'unique aliment donné aux plantes par beaucoup de nos cultivateurs; si bon qu'il soit, ce fumier est *insuffisant* pour rendre à la terre ce que les récoltes lui enlèvent, car il faudrait que toutes ces récoltes fussent transformées en fumier. Or, on en soustrait les grains pour les vendre ou les consommer, et le bétail en retire des principes pour sa croissance et ses productions ; aussi, la *moitié* environ des éléments pris par les récoltes au sol ne reviennent pas à ce sol. Il s'ensuit que le cultivateur qui ne donne à ses terres que le fumier produit par son bétail, les *ruine* peu à peu, au lieu de les enrichir : un complément est donc nécessaire mais un supplément de fumier ne saurait toujours fournir ce complément.

2. Complément chimique. — En effet, le fumier n'est, pour ainsi dire, que « l'image du sol ». Si le sol est pauvre en acide phosphorique, par exemple, les plantes produites et par conséquent aussi le fumier seront pauvres également en phosphore. Le fumier n'enrichira donc pas le sol, en cet élément : seul, un engrais chimique phosphaté apportant l'élément insuffisant augmentera le rendement. Le complément nécessaire au fumier doit donc être déterminé d'après les *besoins du sol.*

Il doit être basé également sur les *exigences de la plante* à cultiver, car toutes les plantes, n'ont pas la même composition, et on appelle *dominante* la substance dont la fonction l'emporte sur les autres : ainsi, la matière azotée remplit le rôle prédominant à l'égard des céréales, la potasse influence à son tour les légumineuses, les arbres fruitiers, la vigne et les pommes de terre, tandis que les phosphates agissent de préférence sur le maïs et les prairies naturelles ; quant à la chaux, son action se fait sentir sur toutes les cultures.

Dans la pratique, il convient de forcer la dose des éléments *dominants* tout en s'assurant qu'aucun des autres n'est *insuffisant*. Ainsi, dans un champ d'expériences, la culture de la pomme de terre a donné, avec un engrais complet 20.000 kilos à l'hectare ; la suppression de la potasse a fait descendre la récolte à 7.000 kilos tandis qu'avec l'emploi de 300 kilos de potasse le rendement est monté jusqu'à 30.000 kilos. On a essayé alors d'augmenter également les autres éléments (azote et phosphate), mais la récolte n'a pas augmenté.

3. Dose à employer. — On ne saurait donc trop recommander l'emploi des engrais chimiques composés de façon à satisfaire en même temps aux besoins du sol et de la plante. Leur achat constitue un placement à gros intérêt ; mais il ne faut pas perdre de vue qu'il existe pour chaque engrais un *maximum* d'effets utiles au delà duquel, la dépense serait supérieure à l'excès du rendement obtenu ; par des essais raisonnés, l'agriculteur trouvera lui-même la *dose d'engrais* correspondant au *bénéfice maximum*.

Résumé. — 1. Le fumier ne rend à la terre qu'une partie des éléments pris par les récoltes ; l'autre partie s'étant transformée en viande, lait, travail, etc...

2. Il faut donc un complément : ce complément sera basé sur les besoins de la plante et du sol et fourni par un engrais chimique permettant le choix des éléments.

3. La dose à employer sera déterminée par des essais.

Engrais phosphatés

Le grand agronome de Gasparin, reconnaissant la grande utilité de l'acide phosphorique, jugeait la fertilité des terres d'après leur teneur en cet élément. Or, cet acide est très rarement en proportion suffisante dans les terres et, par suite, les engrais phosphatés agissent à peu près partout.

Ils favorisent surtout la production du grain dans les céréales et préviennent leur verse en fortifiant les tiges ; dans les prairies naturelles, ils doublent la récolte et le foin gagne encore en valeur alimentaire : l'acide phosphorique provoque, en effet, le développement des os, la formation des muscles et la production d'un lait meilleur et plus abondant, tout en procurant aux bêtes une résistance considérable aux maladies.

Les engrais phosphatés les plus employés sont : les phosphates minéraux que l'on trouve sous forme de gisements naturels ; les superphosphates (ou phosphates naturels traités par l'acide sulfurique) plus assimilables et plus riches et enfin les scories de déphosphoration obtenues en traitant la fonte à haute température par la chaux : la présence de cette dernière rend les scories précieuses dans les terres granitiques pauvres, en calcaire.

Engrais potassiques

Les cendres sont à la fois un engrais phosphaté en même temps qu'un engrais potassique, mais elles ne renferment que dix pour cent de potasse, tandis que le sulfate de potasse et le chlorure de potassium, qu'on trouve à côté des mines de sel gemme ou dans les marais salants, en dosent cinquante. Les sols argileux sont en général, suffisamment pourvus de potasse qui est l'élément dominant des légumineuses, de la pomme de terre, de la vigne et des arbres fruitiers.

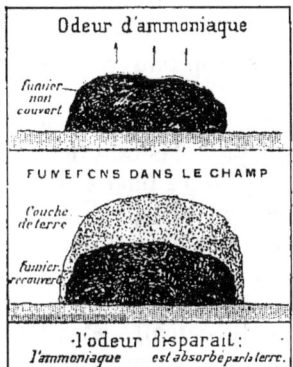
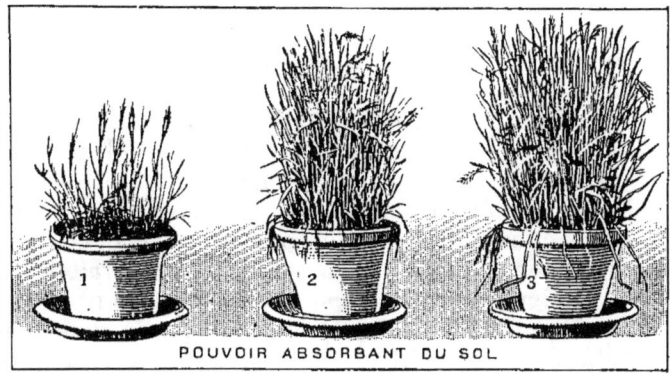

Emploi des engrais

De l'emploi de l'engrais dépend souvent son action sur la végétation.

1. Fumier de ferme. — Il ne suffit pas de répandre, sur le sol, du fumier de ferme bien soigné ; il est nécessaire de l'enfouir, ensuite, le plus rapidement possible, car, si, d'un côté, les pluies entraînent, sous les tas, les principes nutritifs au détriment des autres parties du champ, d'un autre, le fumier, exposé au soleil, perd ses gaz fertilisants. Il sera donc prudent de recouvrir les fumerons de terre toutes les fois qu'on sera obligé de les laisser séjourner sur le sol. La terre, en effet, a le pouvoir d'absorber et de retenir les principes gazeux et liquides des engrais. Voici une expérience qui le prouve : 3 pots de fleurs sont remplis de terre ordinaire ; on y sème de l'orge ; les pots 2 et 3 reçoivent du purin, le n° 1 du nitrate de soude (2 gr. par kilo de terre) fournissant l'azote, dominante des céréales. Nous constatons d'abord que le purin sort *incolore* et *inodore* des pots 2 et 3, ce qui nous prouve que la terre a **absorbé** les matières fertilisantes du purin.

2. Engrais chimiques. — Nous arrosons ensuite et copieusement un des pots ayant reçu du purin en même temps que celui où se trouve le nitrate. L'eau s'écoule, limpide, dans les deux, mais la végétation du pot qui a reçu le nitrate est médiocre, tandis que l'autre est pareille à celle du pot qui n'a pas été arrosé. On peut en conclure que l'eau d'arrosage n'a pas pris les principes du purin, tandis qu'elle a entraîné ceux du nitrate. Voilà pourquoi les **nitrates** ne doivent être **répandus qu'au printemps**, c'est-à-dire, au moment où ils peuvent être utilisés immédiatement par les racines des plantes, sinon ils sont entraînés dans les profondeurs du sol par les pluies et sont dès lors perdus, surtout pour les céréales à racines superficielles. Il n'en est pas de même des engrais *phosphatés* peu **solubles**

dans l'eau et qui, n'étant pas entraînés, peuvent être enfouis au moment des labours; quant aux engrais *potassiques*, ils sont retenus, quoique très solubles, à condition cependant que le sol ne soit pas trop pauvre en calcaire.

4. Fumier et engrais chimique. — Enfin, de nombreuses observations ont montré que le *pouvoir absorbant* du sol, si précieux pour les plantes, est surtout dû à l'*argile* et à l'*humus*, ce dernier formé en grande partie par le fumier de ferme; aussi, les sols *secs*, *légers*, autrement dit pauvres en argile et en humus, ont un pouvoir absorbant moindre que les autres, et il est prudent de ne les fumer qu'à doses *faibles*, mais *répétées*. De plus, le fumier, en se décomposant lentement, produit un dégagement continu d'acide carbonique (CO^2) qui favorise la dissolution du calcaire et de la potasse et ameublit le sol, si bien qu'on a pu comparer la terre privée de fumier, à du pain sans levain. Il s'ensuit que le *fumier de ferme* ne doit jamais être *remplacé* complètement par les *engrais chimiques* qui *n'épuisent* pas le sol, comme on le prétend à tort, mais lui feraient perdre une partie de ses qualités.

Résumé. — **1.** Le fumier doit être enfoui, aussitôt répandu; dans le cas contraire, les fumerons seront recouverts de terre qui a le pouvoir d'absorber et de retenir les principes fertilisants des engrais.

2. Les nitrates, très solubles, sont entraînés par les pluies et ne doivent être utilisés qu'au printemps.

3. Les engrais chimiques, employés, sans fumier, feraient perdre, au sol, son pouvoir absorbant.

Engrais azotés. Le nitrate de soude

L'azote est de tous les principes fertilisants le plus rare et le plus cher : le nitrate de soude et le sulfate d'ammoniaque sont les engrais azotés les plus employés; le meilleur fumier n'en renferme que 4 kilogrammes par 1.000.

Les terres où la végétation est faible réclament des engrais azotés. Si, au printemps, il arrive que les céréales sont souffreteuses, la plante jaune et étiolée, le mal est dû à la mauvaise qualité de la semence, à la rigueur de l'hiver, à la mauvaise exécution des labours ou à la présence d'un excès d'herbes nuisibles. La récolte est alors sérieusement compromise si on n'y porte remède, et le seul qu'on puisse employer, à ce moment, consiste dans l'épandage de 150 kilos de nitrate de soude à l'hectare.

C'est sous forme de nitrate, en effet, que les plantes prennent, dans la terre, la presque totalité de leur azote, et le nitrate de soude ou salpêtre du Chili est à peu près le seul nitrate employé en agriculture.

Mais un excès d'engrais azoté amenant une abondance de feuilles peut provoquer la verse des céréales, surtout si l'on n'emploie pas en même temps un engrais phosphaté.

Rédaction. — **1.** *Le nitrate de soude.* — *Ses propriétés.* — *Son emploi en agriculture.*

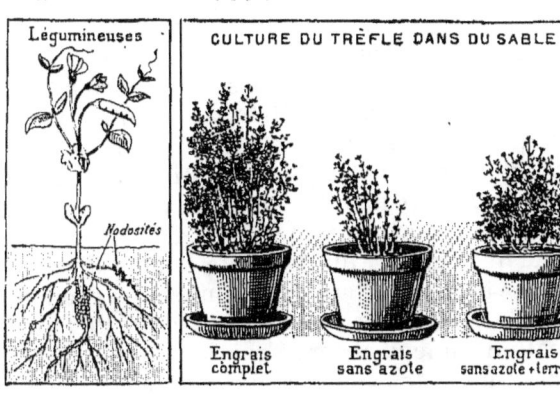

Aliments supplémentaires. — Stimulants

Les légumineuses fument, la chaux et le plâtre stimulent.

1. Engrais verts. — En dehors du fumier de ferme et des engrais chimiques, il existe d'autres engrais : le **guano**, formé d'excréments d'oiseaux marins, l'**engrais flamand** ou engrais humain, la **poudrette** ou engrais humain desséché, etc.; tous sont excellents, certains sont assez chers; mais l'agriculteur en a d'autres, sous la main, presque pour rien, comme les engrais verts et les composts. Les engrais verts sont ainsi appelés parce qu'ils sont fournis par des plantes qu'on enfouit à l'état vert : ces plantes sont les *légumineuses* (trèfle, luzerne, sainfoin, etc.) qui ont la propriété de prendre l'azote à l'air ; leurs racines possèdent, en effet, le pouvoir de fixer l'azote atmosphérique grâce à des microbes logés dans de petits renflements ou *nodosités*. Ces plantes peuvent donc, sous forme d'engrais vert, remplacer un engrais azoté. Cela ne veut pas dire qu'elles n'ont pas besoin elles-mêmes d'engrais ; la *culture du trèfle* dans le sable prouve le contraire et montre que le terreau ou compost leur est surtout favorable.

2. Compost. — Pour faire du *compost* ou terreau, le cultivateur réserve, dans un coin, deux fosses pour y porter les détritus de toutes sortes : crins, poils, boues de la rue, vase de rivière ou d'étang, chiffons, herbes, débris de plantes, déchets de cuisine, etc., qu'il recouvre de temps en temps d'une couche de terre; ce mélange fermente et, pour obtenir une parfaite décomposition des matières organiques, on y ajoute de la chaux vive en morceaux et on arrose avec les eaux grasses, les urines, etc... Le compost ne doit être employé qu'après un an de fermentation ; aussi, en général, une fosse se vide pendant que l'autre se remplit.

3. Stimulants. — Enfin, outre les engrais qui nourrissent la plante, il y a des excitants qui, comme le sel pour l'animal et l'homme, **stimulent** et activent la nutrition : ce sont le plâtre et la chaux.

1° **Plâtre.** — L'Américain Franklin a été un des premiers à faire connaître l'effet du plâtre ou sulfate de chaux sur les prairies artificielles. Dans une de ses prairies, il fit répandre du plâtre, par bandes, sous forme de lettres composant des mots et, dans les endroits plâtrés, les plantes, plus hautes, formèrent visiblement la phrase célèbre : « ceci a été plâtré ».

Mais le plâtre n'est qu'un *stimulant* qui met à la disposition des légumineuses les matières fertilisantes du sol et surtout les engrais potassiques ; aussi, n'agit-il que sur les terres fertiles ou bien fumées.

2° **Chaux.** — Il en est de même de la chaux, qui a mérité le nom de cuisinier de la plante, parce que, grâce à elle, la plante prend une plus grande quantité de nourriture ; de plus, elle transforme *l'azote organique* de l'humus en *azote nitrique* (nitrification), mieux absorbé par la sève nutritive Voilà pourquoi la chaux est surtout utile dans les terres riches en humus, terres de bruyère, landes, etc... Dans tous les cas, il faut fumer fortement après son emploi, car, comme le dit un vieux proverbe : « Qui chaule sans fumer se ruine sans y penser ».

Résumé. — 1. Les légumineuses fixent l'azote de l'air par leurs racines : aussi peuvent-elles servir d'engrais azoté.

2. Le compost ou terreau est favorable à leur développement.

3. Enfin le plâtre active leur nutrition en servant de stimulant. La chaux agit de même, pour les autres plantes.

Les Prairies artificielles

Les champs semés en légumineuses constituent les prairies artificielles ; en général, les prairies artificielles ne sont composées que d'une seule espèce de plante : de trèfle qui aime le sol frais et argilo-calcaire, de sainfoin qui vient bien dans une terre légère et calcaire ou de luzerne qui exige un sol profond et calcaire ; en général, l'absence de calcaire est préjudiciable aux légumineuses.

Si le climat est sec, on les sème en automne, sur terre nue ; si le climat est frais, on les sème dans une céréale de printemps comme l'orge et l'avoine. Celle-ci, tout en permettant de tirer parti du sol, la première année, protège la jeune plante fourragère. Les engrais potassiques conviennent à ces plantes de même que le compost favorable au développement des nodosités ou réservoirs d'azote : ils seront enfouis avant les semailles ; on plâtrera, après la levée, au printemps.

Les prairies artificielles aiment les terres bien ameublées et exemptes de mauvaises herbes : mais, tandis que le trèfle et la luzerne demandent des sols d'une assez grande richesse pour venir, le sainfoin donne des produits abondants dans des terrains peu fertiles, à une condition cependant, c'est qu'ils renferment du calcaire et à très haute dose : c'est la légumineuse, par excellence, de la montagne et elle y réussira partout où on chaulera.

Enfin, les légumineuses, enfouies au moment de leur floraison, non seulement donnent au sol l'azote qu'elles ont pris à l'air, mais encore lui restituent les éléments minéraux qu'elles lui ont empruntés ; de plus, par leur décomposition, elles enrichissent le sol en humus et peuvent remplacer le fumier de ferme.

Rédaction. — 1. *Qu'appelle-t-on engrais verts ? Pourquoi certaines plantes peuvent-elles servir d'engrais. Montrez l'importance de ce fait pour les cultures.*

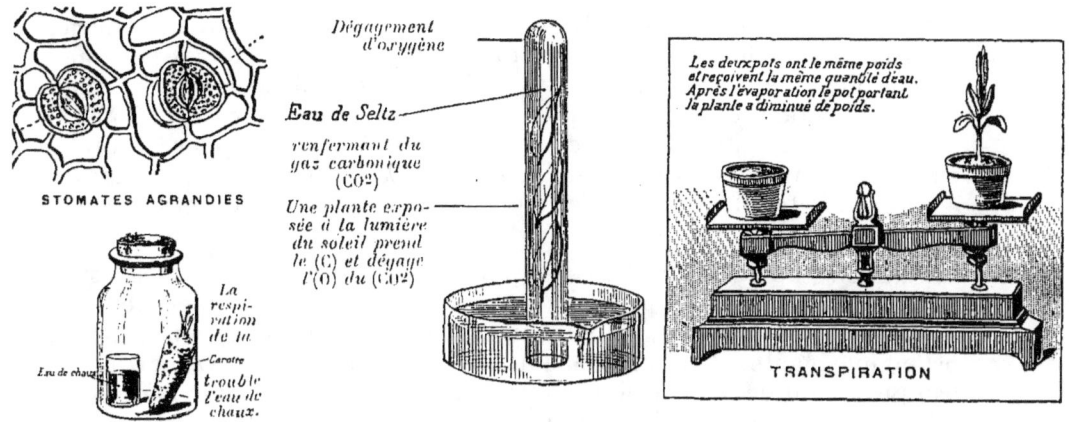

Alimentation de la plante : par la feuille

*La feuille est à la fois un poumon
et un estomac, pour la plante.*

1. Aliments gazeux : 1° Oxygène. — La plante ne se nourrit pas seulement par ses racines ; la vie pénètre encore, en elle, par l'épiderme de ses feuilles percé de petits trous appelés **stomates**. Si les légumineuses seulement prennent l'*azote* à l'air, toutes les plantes, sans distinction, ont besoin de son *oxygène* qui est à la fois, pour elles, un *aliment* et l'agent de la *respiration*. Les plantes respirent, en effet, et la preuve c'est que l'eau de chaux est troublée par l'acide carbonique résultant de la respiration d'une plante, placée sous un bocal, comme elle le serait par celui provenant de la respiration d'un animal.

2° **Gaz carbonique.** — Ce qui est curieux, c'est que les plantes qui respirent jour et nuit formant continuellement de l'acide carbonique (CO^2), ont la propriété de décomposer celui de l'atmosphère, quand elles se trouvent placées sous l'action de la lumière : elles fixent alors le carbone (C) dont elles se nourrissent et rejettent l'oxygène (O^2). Ainsi, si nous plongeons une plante dans l'eau d'une éprouvette renfermant de l'acide carbonique, dans de l'eau de seltz, par exemple, et si nous l'exposons ensuite au soleil, nous verrons bientôt l'**oxygène** se dégager ; mais le dégagement sera plus faible, dans l'ombre, ou cessera dans l'obscurité ; aussi, une plante s'anémie, s'étiole et blanchit quand on la prive de lumière, car, le carbone, pris par la feuille, est, pour la plante, un aliment important qui se transforme en amidon (graines) ou en fécules (tubercules) : la feuille digère comme un estomac.

Voilà pourquoi on place, de préférence, les céréales dans les parties ensoleillées, tandis que les autres sont plutôt réservées aux plantes des prairies utilisées avant la formation de la graine. Voilà pourquoi encore les céréales versent quand le développement exagéré de leurs feuilles empêche l'éclairement de la tige, et voilà pourquoi enfin les semis en lignes favorisant la respiration et la nutrition, par les feuilles, sont à recommander de préférence aux semis à la volée, utilisés seulement pour les plantes des prairies. Supprimez la feuille avant le développement complet du fruit et la récolte sera sûrement compromise.

2. Marche de la nutrition. — Enfin, les feuilles transpirent, c'est-à-dire que la sève perd une partie de son eau, qui passe à travers les stomates des feuilles : on constate, en effet, une *diminution* dans le *poids* d'un *pot* portant une plante, et cet allègement ne peut venir que de l'évaporation de l'eau provenant de la transpiration par les feuilles, attendu que l'autre pot ne porte pas de plante. Cette transpiration produit un vide, et ce vide fait monter l'eau nutritive des racines et, ainsi, la *marche de la nutrition* suit celle de la *transpiration*. Aussi, la sécheresse, qui prive les plantes d'eau, les prive également de nourriture : d'où, la nécessité d'avoir toujours un peu d'humidité dans le sol et les avantages de l'irrigation, surtout dans les pays chauds et les terrains secs.

Résumé. — 1. Les feuilles respirent : l'air est, par suite, nécessaire aux plantes qui y trouvent un aliment, l'oxygène. De plus, sous l'action de la lumière, les plantes prennent le carbone de l'air : les semis en lignes favorisent respiration et nutrition.

2. Enfin, la transpiration des feuilles active la montée de la sève nourricière : d'où la nécessité d'un peu d'humidité dans le sol.

Les Prairies naturelles

Beaucoup de prairies se sont créées seules sans que l'homme les ait semées, et on y trouve des plantes d'espèces différentes dont les graines ont été apportées par les vents, les oiseaux, le fumier, etc. Ce sont les prairies naturelles.

Les meilleures de ces plantes appartiennent, soit à la famille des graminées comme le pâturin, le ray-grass, la fétuque, la fléole, le fromental, le dactyle, etc.; soit à la famille des légumineuses comme le trèfle violet ou blanc et la lupuline.

On trouve dans le commerce, à peu près pures et séparées, les graines de ces plantes : ce sont les seules à employer dans la création des prairies naturelles. On fait un choix, selon la nature du terrain, et les plantes qui y poussent naturellement. En général, on associe deux tiers de plantes graminées pour un tiers de plantes légumineuses. On prépare le terrain par une bonne fumure, un labour profond et un autre léger ; le terrain préparé, on commence à répandre les graines les plus volumineuses, qui sont enterrées par un vigoureux hersage ; vient ensuite le tour des graines les plus réduites qui sont enfouies par un simple roulage : les deux semis permettent d'enterrer assez les unes et pas trop les autres.

Le montagnard doit abandonner le champ, pour le pré, quand ce champ ne lui rapporte pas autant que le pré, car ce n'est plus le temps où chaque pays, chaque vallée devait se suffire et par suite se livrer à toutes les cultures à cause des difficultés de transport.

la 1re année, beau chou.
la 2eme année, chou chétif.

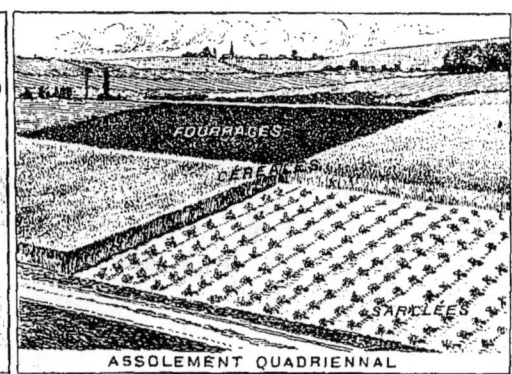
ASSOLEMENT QUADRIENNAL

JACHÈRE

Succession des cultures : assolements

La terre se délecte en la mutation des semences.
OLIVIER DE SERRES.

1. Aliments épuisés. — L'agriculteur doit enfin, varier logiquement ses cultures. Nous avons vu que chaque plante a un aliment préféré : le dominant. Or, si cet aliment s'épuise peu à peu, par suite d'une culture répétée de la même plante, sur le même champ, le rendement sera lui-même de plus en plus faible ; c'est ce que montre la culture des *choux* dans un potager ; ceux de la *cinquième* année sont bien plus petits que ceux de la *première*. D'où la nécessité de varier les cultures.

2. Aliments inutilisés. — Prenons celle de la pomme de terre : cette plante consomme plus de *potasse* que d'*azote* : aussi, dans un champ qui porterait des pommes de terre, pendant un certain temps, sans interruption, la *potasse* finirait par manquer ; il est vrai qu'on pourrait lui en donner par un engrais complémentaire ; mais alors les autres aliments, l'azote et le phosphore, resteraient inutilisés : ce serait une perte pour l'agriculteur. De plus, la pomme de terre, à racines profondes, ne prend pas les aliments solides, non entraînés, restés à la partie superficielle du sol : encore une nouvelle perte, et réciproquement pour les céréales qui ne profiteraient pas des aliments entraînés trop bas par les eaux de pluie.

Enfin, certaines plantes, les céréales, par exemple, ne peuvent être bien **sarclées**, c'est-à-dire débarrassées des mauvaises herbes ; une culture sarclée comme celle de la pomme de terre est nécessaire pour empêcher toute végétation parasite d'infester le champ qui porte des céréales.

3. Assolements. — Aussi, un roulement raisonné ou **assolement** mettra, avant une céréale sur un même champ ou *sole* qui demande beaucoup d'azote, une légumineuse qui en fournit ; de même, qu'après une céréale, qui laisse pousser des plantes salissantes, une plante sarclée comme la pomme de terre les fera disparaître ; d'un autre côté, les racines profondes de cette dernière trouveront des éléments non encore pris par les racines superficielles.

4. Pas de jachère. — Des cultures ainsi alternées ne se nuisent pas, ne fatiguent pas la terre, qui n'a pas besoin de repos : aussi, la **jachère** ou sol sans culture doit être abandonnée ; d'ailleurs, il est prouvé qu'elle appauvrit le sol en raison de l'entraînement, par les pluies, d'une certaine quantité d'azote et de chaux. Il est vrai que la jachère permet la destruction des plantes inutiles ou nuisibles et qu'elle favorise, par les labours qui l'accompagnent et par le manque de végétation, l'approvisionnement du sol en eau et la formation des nitrates ; mais, cet avantage disparaît devant l'inconvénient de la perte d'une récolte.

Résumé. — 1. En cultivant toujours du blé à la même place, l'azote, son élément préféré, finirait par manquer, et la récolte serait insuffisante.

2. De plus, les autres éléments ne seraient pas utilisés, ni même ceux des couches profondes, et le sol serait envahi par de mauvaises plantes.

3. Il est donc nécessaire de varier les cultures et de faire succéder une céréale à une légumineuse, une racine profonde, à une superficielle, une plante sarclée à une salissante.

4. Un assolement, ainsi compris, supprime avantageusement la jachère ou terre en repos.

La jachère

Le père Laroutine fait le tour de ses propriétés avec son voisin Jean Duprogrès. Ils arrivent bientôt sur une jachère.

« Quel dommage, dit Jean, de laisser, ainsi, de bonnes terres sans culture !

— Comment ! réplique Laroutine, mais c'est nécessaire : il faut bien que la terre se repose. Si nos animaux travaillaient toujours, est-ce qu'ils ne finiraient pas par tomber d'épuisement ? La terre, c'est la même chose.

— Ce n'est pas la même chose, père Laroutine, car la terre ne se fatigue pas, en produisant : c'est un simple garde-manger pour la plante. Il est vrai que si le même champ devait toujours porter la même plante, les mêmes éléments, toujours puisés, finiraient par disparaître à la longue ; mais en variant les cultures, on repose la terre d'un travail par un autre travail : ainsi, si après le blé qui exige beaucoup d'azote, vous semez du trèfle qui en laisse, quel épuisement avez-vous à redouter ?

— Vous m'accorderez cependant, Monsieur Duprogrès, que la jachère débarrasse parfois un terrain des mauvaises plantes qui accompagnent certaines cultures.

— Je vous accorderai volontiers que les mauvaises herbes sont souvent apportées dans les champs, par les semences mal nettoyées, ou le fumier sur lequel on a le tort de jeter des poussiers de foin ; mais, il y a d'autres moyens de les détruire ; il y a surtout l'emploi des légumineuses dont la vigoureuse végétation étouffe celle des autres plantes.

En somme, la prairie artificielle, voilà, père Laroutine, la bonne jachère, celle qui, tout en donnant une récolte, améliore le sol et l'enrichit. »

Rédactions. — 1. *Qu'appelle-t-on assolement ? — Pourquoi est-il nécessaire de faire alterner les récoltes sur un même champ ? — Citez les assolements pratiqués dans votre pays et dites ce que vous pensez de la jachère.*

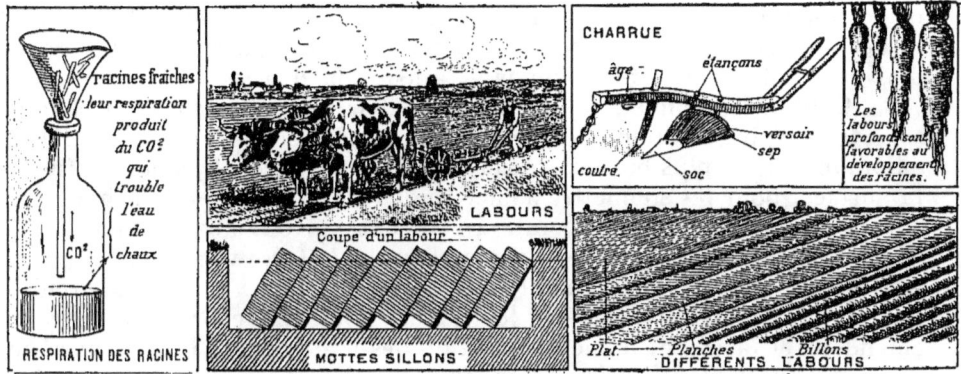

Développement de la plante : Labours

*Doubler la profondeur du sol vaut
souvent mieux qu'en doubler l'étendue.*

1. Nécessité des labours. — Après avoir garni le sol ou garde-manger de la plante des éléments dont elle se compose et qui sont nécessaires à son développement ; après avoir placé cette plante dans les conditions requises pour prendre ensuite les aliments atmosphériques, l'agriculteur doit encore collaborer à son développement par des façons culturales comme les *labours* : Labourer un sol, c'est le remuer pour y enfouir des engrais, des semences et aussi pour le rendre plus perméable à l'air nécessaire au développement des racines : ces dernières, en effet, respirent, et la preuve c'est que si nous arrachons une plante, et si nous plaçons ses *racines fraîches*, dans un *entonnoir*, sur un *flacon* contenant de l'eau de chaux, l'acide carbonique produit par la respiration des racines (qui se continue dans l'entonnoir) tombe dans le flacon et trouble l'eau de chaux, comme celui provenant des poumons d'une personne. Voilà pourquoi il est nécessaire de favoriser la respiration des racines des plantes, en aérant la terre, par des labours, à la bêche, à la houe ou au pic.

2. Les labours. — Le labour, fait à la *charrue*, divise la terre en *mottes*, horizontalement par le *soc* et, verticalement, par le *coutre* ; le *versoir* les renverse. Dans les terrains forts, argileux, il faut labourer, autant que possible, par un temps sec, car, par un temps humide, l'argile fait pâte, durcit, et la terre est moins perméable après le labour, qu'avant. Pour le même motif, ces labours doivent se pratiquer en *billons* ou en *planches* afin de faciliter l'écoulement des eaux de pluie, tandis que dans les terrains légers ou en pente, on peut labourer à *plat*. Ce dernier labour est le plus rapide parce que, dans le labour en planches ou en billons, il y a forcément des pertes de temps occasionnées par les tournées entre la raie que la charrue quitte et celle qu'elle va prendre ; il y a aussi perte de surface à cause des dérayures qui subsistent après le labour. Les labours d'automne sont les meilleurs, d'abord parce qu'ils enfouissent ce qui reste après les récoltes et favorisent la décomposition des mauvaises plantes ; ensuite, parce que les gelées d'hiver émiettent les mottes donnant, ainsi, plus d'accès à l'air et à l'eau.

3. **Labours défonceurs.** — Avec une charrue défonceuse ou charrue sans versoir, ou, à défaut, avec deux charrues qui se suivent dans le même sillon, on arrive plus bas qu'avec la charrue ordinaire. On amène, ainsi, à la surface, pour les soumettre à l'action de l'air, de l'eau et de la gelée, les couches inférieures. Cette opération convient surtout aux sols compacts, argileux, dont elle augmente la profondeur de la terre végétale, ce qui est très favorable au développement des *racines pivotantes* et des tubercules. De plus, ces labours détruisent les racines souterraines comme celles du chiendent et facilitent la décomposition des matières organiques formant l'humus : aussi, doubler la profondeur du sol vaut souvent mieux qu'en doubler l'étendue. Enfin les labours profonds amendent un sol, quand le sous-sol est de nature différente.

Résumé. — 1. Les racines respirent : aussi est-il nécessaire d'aérer le sol par des labours.

2. Le labour se fait, en général, à la charrue, à plat, en billons ou en planches selon que le terrain est léger ou lourd.

3. Les labours profonds sont favorables au développement des racines, tubercules et à la formation de l'humus, surtout dans les terrains argileux.

Le Labour de printemps

Les labours tiraient à leur fin, et, par cette après-midi de février sombre et froide, Jean, avec sa charrue, venait d'arriver à sa grande pièce des Corneilles, où il lui restait à faire deux bonnes heures de besogne. C'était un bout de la pièce qu'il voulait semer de blé, une variété de printemps.

Tout de suite, Jean enraya à la place où il avait dérayé la veille, et, faisant mordre le soc, les mains aux mancherons de la charrue, il jeta à son attelage le cri rauque dont il l'excitait : « ha ! ha ! »

Des pluies battantes avaient durci l'argile du sol si profondément que le soc et le coutre détachaient avec peine la bande qu'ils tranchaient dans ce labour à plein fer. On entendait la motte épaisse grincer contre le versoir qui la retournait enfouissant au fond le fumier dont une couche étalée couvrait le champ.

Parfois un obstacle, une pierre donnait une secousse : « ha ! ha ! »

Et Jean, de ses bras tendus, veillait à la rectitude parfaite du sillon, tandis que ses vaches la tête basse, les pieds enfoncés dans la raie, tiraient d'un train uniforme et continu. Lorsque la charrue s'empâtait, il en détachait la boue et les herbes, d'un branle de ses deux poings ; puis elle glissait de nouveau, en laissant derrière elle la terre mouvante et comme vivante.

Quand il fut au bout du sillon, il tourna, en commença un autre. Bientôt une sorte de griserie lui vint de toute cette terre remuée, qui exhalait une odeur forte, l'odeur des coins humides où fermentent les germes.

E. ZOLA, la Terre (Fasquelle, édit.).

Rédaction. — *Décrivez le labour tel que vous le voyez pratiquer chez vous, en passant successivement en revue, le lieu, l'homme, l'attelage, l'opération du labour.*

Développement de la plante : labours superficiels

Biner un terrain, c'est le fumer sans fumier, c'est l'arroser sans eau
  D. Zolla, prof. d'agriculture.

1. Hersage et binage. — Après les labours à la charrue ou à la bêche, on aère encore la terre par des hersages et des binages. Avec ses dents, la *herse* divise les *mottes* du labour ; plus tard, le binage coupe, avec la *houe* ou le pic, la croûte formée par l'action du soleil ; or, les gaz fertilisants traversent plus facilement une terre non tassée ; de plus, une terre bien divisée retient mieux l'eau qu'un sol durci parce que, dans ce dernier, les eaux glissent à la surface, ou bien il se forme des fentes à travers lesquelles les eaux de pluie ou d'arrosage s'écoulent, très vite, dans le sous-sol, sans mouiller la terre arable. Enfin, hersage et binage conservent au sol l'humidité qu'ils ont contribué à lui assurer ; ce qui le prouve, c'est l'expérience suivante : sur une *assiette*, nous plaçons *trois morceaux de sucre*, et sur chacun de ces morceaux *entiers*, nous mettons une couche de sucre en *poudre* ; nous versons alors du vin dans l'assiette : ce vin *monte* rapidement dans le sucre *entier* et *s'arrête* au sucre en *poudre*. Il en est de même d'une couche de terre divisée, réduite superficiellement en poudre par un hersage ou un binage : elle conserve l'eau du sol en l'empêchant de monter et par suite de s'évaporer. Le hersage et le binage maintiennent donc l'humidité du sol ; d'ailleurs, le *sarclage* ou extraction de plantes parasites, qui se fait en même temps, augmente cette action en conservant, au sol, l'eau qui se serait évaporée par la transpiration de ces plantes. D'un autre côté, dans les prairies, hersées et coupées en bandes, les racines s'étendent plus en profondeur et moins en surface ; ainsi, tout en ne se gênant plus autant, elles profitent mieux des principes fertilisants du sol, ce qui équivaut presque à une nouvelle *fumure*.

2. Roulage. — Par contre, au printemps, après les fortes gelées d'hiver qui soulèvent la terre et y forment des vides, où les racines ne se trouvent plus en contact avec le sol, il est nécessaire de tasser la terre, par un *roulage* ; cette opération provoque, autour du collet des céréales, une accumulation de sève qui donne naissance à des racines et des tiges supplémentaires : c'est ce qu'on appelle le *tallage*. Le roulage est surtout utile dans les terrains légers tandis qu'un bon hersage suffit dans les terres fortes.

3. Buttage. — Enfin, le *buttage* qui consiste à amonceler de la terre autour des racines amène, pour elles, une nutrition plus active et plus abondante. Cette opération est surtout recommandée pour la pomme de terre dont les tubercules, non buttés, *verdissent* sous l'action de la lumière ; mais le binage et le buttage, très utiles comme on le voit, ne peuvent être bien pratiqués que grâce aux semis en lignes.

En résumé, les labours superficiels continuent et complètent l'œuvre des labours profonds mettant en pratique le conseil du fabuliste : « ne laissez nulle place où la main ne passe et repasse ».

Résumé. — 1. Après les labours, le hersage divise les mottes et le binage coupe la croûte du sol : les deux opérations aèrent le sol et lui conservent la fraicheur.

2. Au printemps, le roulage tasse la terre soulevée par les gelées et favorise le tallage.

3. Enfin, le buttage active la nutrition des racines.

Le petit Laboureur

Lorsque laboure mon père,
J'aime à bien marcher près de lui ;
J'aime à bien voir, dans la terre,
Entrer le coutre qui luit.

Elle résiste ; il la perce,
Il la fend de long en long ;
Le versoir, qui la renverse,
Laisse après lui le sillon.

Elle est tiède et parfumée ;
J'y vois des germes herbeux ;
Il en sort une fumée,
Comme du naseau des bœufs.

Mes bœufs patients que j'aime,
Front bas, vont d'un pas égal ;
C'est dur, mais ils vont quand même,
Ils se donnent bien du mal !

Jean Aicard (Delagrave, édit.).

Rédaction. — *Craintes de l'agriculteur.* — 1° *On est au printemps : La saison est belle, mais sèche.* — 2° *Les agriculteurs souhaitent qu'il pleuve : pourquoi ?* — 3° *Effets désastreux que pourrait avoir la sécheresse.* — 4° *Moyens de les combattre.*

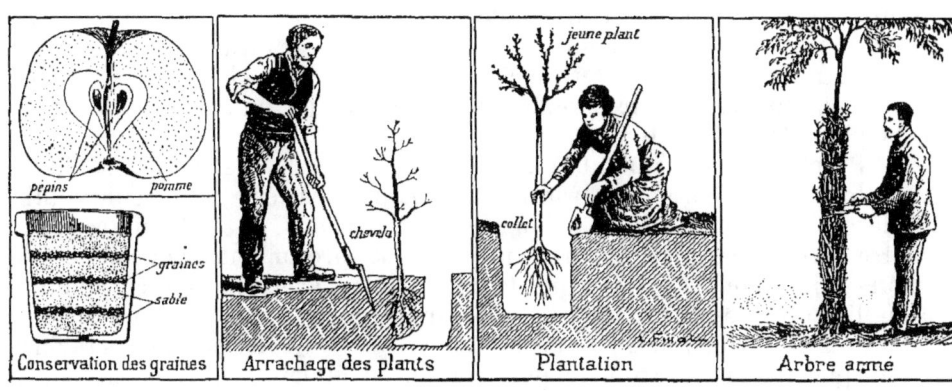

| Conservation des graines | Arrachage des plants | Plantation | Arbre armé |

L'arbre : sa reproduction

Planter, c'est plus qu'une chose utile : c'est un devoir pour ceux qui ont une famille.
R. OUVRAY.

1. Pépinière. — L'arbre est une grande plante vivace, cultivée pour ses fruits, dans les vergers, pour son bois, dans les forêts. Comme la plante, l'arbre se reproduit par la graine ; mais son existence étant de plus longue durée, on entoure sa reproduction de plus de soins. Ainsi, on sème la graine ou *pépin* (pomme) dans des terrains préparés et appelés *pépinières*. Pour créer une pépinière, on choisit le meilleur terrain et le mieux abrité, susceptible d'être irrigué sans toutefois prendre un bas-fond, exposé aux gelées tardives. On bêche le sol, au printemps, on y met du fumier, du compost, des scories, des engrais potassiques. Les semis se font, en général, en automne, par rangées transversales à la pente du terrain. Il faut choisir les graines les plus lourdes, prises sur les fruits les plus beaux et les arbres les plus vigoureux ayant poussé sur un terrain de même nature et sous le même climat. En outre, la semence ne doit pas avoir perdu sa faculté germinative, soit par une trop longue, soit par une mauvaise conservation. Autant que possible, il faut semer, l'année suivante, une graine conservée entre des *couches alternatives* de *sable* bien sec ; les graines étendues sur le sol ou mises dans des sacs sont susceptibles de s'échauffer. On recouvre de terre fine, on arrose et plus tard on bine et on sarcle les semis. On protège ensuite les jeunes plants, contre la chaleur ou le froid excessifs, par des abris qu'on enlève pour laisser passer les faibles pluies ou permettre à la rosée de se déposer.

2. Repiquage. — Deux ou trois ans après, on arrache les sujets ou jeunes plants des pépinières par un temps doux et couvert. Pour cela, on creuse une *rigole* plus profonde que l'enracinement des plants ; puis, on tranche, avec la bêche, la *motte de terre* qui retient le plant, et la motte tombe, avec le plant, dans la rigole.

On repique alors ces plants, c'est-à-dire qu'on les transplante dans une terre bien meuble et bien fertile afin de développer le chevelu des racines; deux ans plus tard, on les greffe; on procède enfin, un an après la greffe, à la plantation définitive.

2. Plantation. — La plantation se fait, au repos de la sève, avant l'hiver, dans les terrains légers, au printemps, dans les argileux, à cause des pluies et des gelées. Dans ce but et longtemps à l'avance, on fait un *trou* d'un mètre carré de surface et un demi-mètre de profondeur. On remue plusieurs fois la terre relevée en la mélangeant avec du fumier et on en remplit le trou aux trois quarts, en alternant avec des couches de terreau; tout engrais fermentant, comme le fumier frais, doit être écarté des racines.

On place dans le trou, le plant taillé, en étalant ses racines et après avoir enlevé celles qui sont cassées ou meurtries et même le pivot; on pose le plant de façon que le *collet* soit enterré de quelques centimètres seulement, car les racines descendent et ne montent pas. Le planteur doit veiller à ce qu'il ne reste, dans le sol, aucun espace creux près des racines, et pour cela, il tasse la terre au fur et à mesure qu'il la place autour du plant; ces creux, en effet, nuiraient à la nutrition des racines.

A défaut de pépinière, on achète les plants, en tenant compte du climat d'origine; certains se procurent des sauvageons ou plants issus de graines tombées des arbres ou apportées par le vent, les oiseaux, les rongeurs, etc. Mais ces plants sont les moins bons. C'est une erreur de croire, en effet, qu'un plant, provenant d'un terrain médiocre, réussira mieux; si le plant a souffert, il s'en ressentira longtemps. Enfin son chevelu sera conservé, en plongeant les racines dans une bouillie argileuse ou dans une rigole recouverte de terre, et s'il doit voyager, en le recouvrant de mousse et de paille.

4. Soins et fumure. — Quand la plantation est terminée, il faut placer un tuteur pour soutenir le jeune plant; il est bon ensuite de le *protéger* contre le bétail. De plus, autour de l'arbre devenu grand, il faudra, tous les ans, remuer le sol au moins sur la surface couverte par son ombre et y placer du fumier, du terreau et même les résidus de la fabrication du cidre, afin de rendre les éléments de fertilité pris par les fruits, sans oublier que l'élément régulateur de l'arbre fruitier est la potasse.

Résumé. — 1. L'arbre se reproduit par la graine; on bêche et on fume, on sème en lignes, on bine et on sarcle les pépinières.

2. L'arrachage des plants ne doit pas détériorer les racines. On repique et on plante au repos de la sève, dans des trous pratiqués à l'avance et aussi grands que possible.

3. Le plant est placé de façon que ses racines soient à peine couvertes et sur une terre remuée et bien fumée.

4. L'arbre a besoin de soutien, de protection et de fumure après sa plantation.

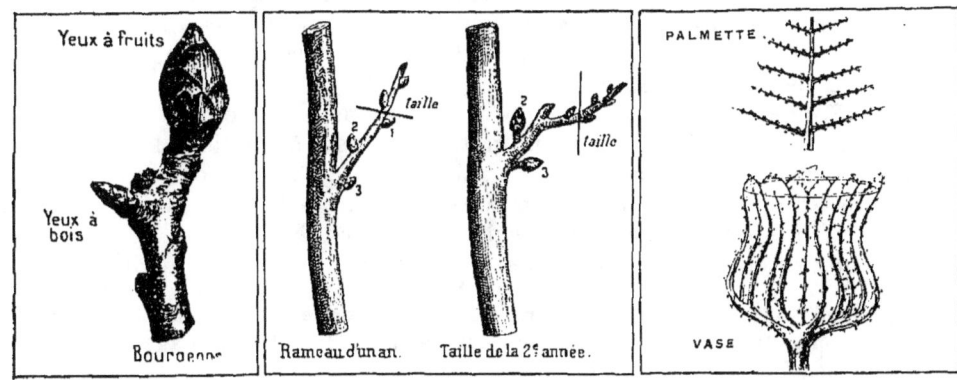

L'arbre fruitier : sa taille

La taille règle la production.

1. Bourgeons. — Les arbres de nos vergers sont des machines à produire des fruits. Sur leurs branches, on remarque des bourgeons, des boutons, ou des **yeux** qui se développent quand la sève monte : les plus gros fleurissent et donnent du fruit dans l'année, les autres du **bois**.

Le bouton à fruit est sur le vieux bois pour les fruits à pépins et sur du bois de l'année pour les autres ; l'œil de la vigne produit rameaux et fruits.

Les bourgeons redoutent les gelées tardives, pendant les nuits sereines (lune rousse) : les nuages créés avec de la fumée de chiffons les préviennent en partie et un arrosage à la pompe, avant le lever du soleil, en diminue les mauvais effets.

2. Taille. — Il est souvent utile d'augmenter ou de diminuer les bourgeons à fruits ou à bois, selon que les uns ou les autres se trouvent en excès : c'est le but de la **taille** qui se fait pendant le repos de la sève, de novembre à mars.

La taille s'opère en section légèrement inclinée à l'opposé de l'œil ou bourgeon ; la serpe est préférable au sécateur qui meurtrit la branche ; enfin, on taille toujours près d'un œil, à un demi-centimètre, afin de ne pas laisser de chicot ou tronçon de bois plutôt nuisible qu'utile.

En principe, on laisse peu de boutons à bois, dans un rameau vigoureux, car plus les feuilles sont abondantes, plus la végétation est active, mais moins il y a de fruits : ainsi, dans l'exemple de la gravure, on n'a laissé que **trois boutons** dans le rameau d'un an ; aussi, (2) et (3) sont devenus, la deuxième année, boutons à fruits et, pour leur laisser plus de sève encore, on ne laisse qu'un seul bouton dans le second rameau provenant du numéro (1); pour la vigne, on sectionne les sarments de remplacement à deux yeux.

Il faut cependant éviter de forcer la production, par la taille. On comprend, en effet, que si les fruits sont trop nombreux, l'arbre ne pourra pas les bien nourrir et, dans tous les cas, il s'épuisera rapidement. Parfois, en cours de végétation, on opère des pincements, c'est-à-dire qu'on brise l'extrémité des branches où l'on veut hâter la formation des bourgeons à fruits : c'est la **taille en vert**.

3. Forme. — La taille a encore pour but de donner à l'arbre les formes les plus favorables (**palmette** ou **vase**) à l'action de la lumière, agent principal de la fructification ; aussi, laisse-t-on peu de branches, dans l'ombre, au milieu de l'arbre, car elles prennent de la sève, sans produire de beaux fruits ou du moins des fruits bien mûrs. Enfin, la taille se propose d'établir un juste équilibre dans la répartition de la sève nutritive.

Résumé. — 1. Les gros bourgeons d'un arbre donnent des fruits, les autres du bois : contre la gelée tardive qui leur est nuisible, il faut des nuages artificiels et des arrosages.

2. La taille règle le nombre des bourgeons, d'après la vigueur de l'arbre.

3. Elle se propose encore de donner la forme la plus favorable à l'action de la lumière et de bien répartir la sève nutritive.

Le Pommier

Un grand-père raconte à ses petits enfants l'histoire du pommier sous lequel il est assis. « Il y a plus de cinquante ans, je me trouvais dans ce même endroit. L'espace était vide, alors, et je me plaignais de ma pauvreté à l'un de mes voisins. « Ah ! lui « disais-je, que je serais heureux si je pouvais avoir seulement cent écus. — Cela « n'est guère difficile, me dit-il. A cet endroit même il y a plus de cent écus, cachés « dans la terre. Il ne s'agit que de les en tirer. » La nuit suivante, je me mis à creuser un trou, mais je n'y trouvai pas un seul écu. Le lendemain matin, quand le voisin vit le trou que j'avais creusé, il éclata de rire. « Ce n'est pas ainsi que je « l'entendais, me dit-il. Mais, puisque voilà le trou creusé, je vais te donner un pied « de pommier ; tu le planteras là, et en peu d'années, il te rapportera plus que les « cent écus que tu désires. » Je plantai donc le jeune arbre. Les fruits qu'il a fournis m'ont produit plus de cent écus, et il ne cesse pas d'être un capital qui rapporte de gros intérêts. »

Schmidt.

Respect des branches

C'est bien de cueillir des fleurs ou des fruits, au moins n'est-ce pas mal ; mais casser la branche pour les avoir, n'y a-t-il pas là quelque chose comme de l'ingratitude ? N'est-ce pas un acte d'imprévoyance, d'égoïsme et de barbarie ? Oui, il y a de l'ingratitude, car c'est rendre le mal pour le bien. Les arbres nous ressemblent un peu ; comme nous, ils naissent, ils vivent, ils meurent. Vivants, ils nous charment, nous donnent de l'ombre et des fruits. Morts, ils nous réchauffent, ils soutiennent, ils meublent nos maisons. C'est un acte d'imprévoyance, car les branches ne repoussent pas. C'est un acte d'égoïsme, car on prive les autres du plaisir que l'on a goûté soi-même ; c'est de la barbarie, car le propre du barbare c'est de ne pas sentir la beauté, de ne pas la comprendre et de détruire les belles œuvres de la **nature comme les chefs-d'œuvre des arts**.

Vessiot (Bibliothèque d'éducation).

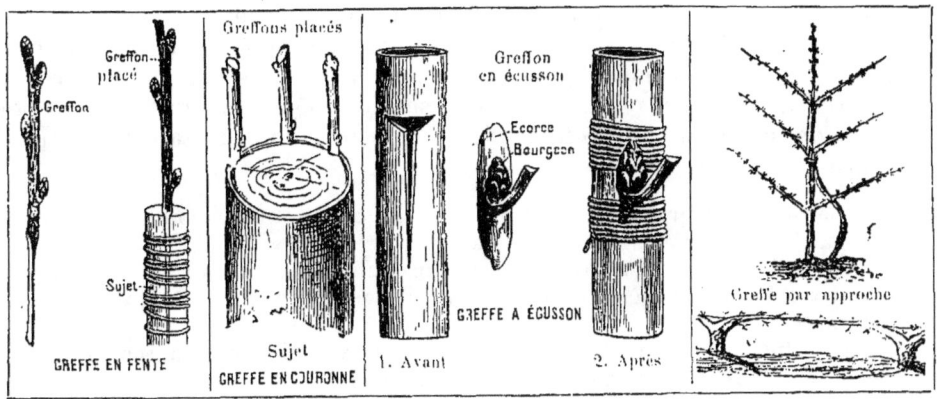

L'arbre fruitier : sa greffe

La greffe améliore la production.

1. Nécessité de la greffe. — La graine de l'arbre ne reproduit pas fidèlement, comme la graine de la plante, les qualités et les caractères du fruit. Ainsi, des pépins sont semés, pris dans une excellente pomme : les pommiers, issus de ces graines, donnent des pommes moins bonnes et, si l'on continue avec les pépins de seconde génération, les fruits continuent à dégénérer jusqu'à la méchante pomme du buisson. D'ailleurs, les jeunes plants ou sauvageons ne fructifient qu'au bout d'une dizaine d'années. L'homme remédie à ces inconvénients par la **greffe**, grâce à laquelle on voit un mauvais arbre se transformer en un bon et un bon arbre en un plus parfait.

2. En quoi elle consiste. — La greffe consiste à transporter un rameau ou un œil d'un arbre de choix, sur un autre arbre qu'on désigne sous le nom de **sujet**, tandis que le rameau ou l'œil se nomment **greffons**; mais greffon et sujet doivent appartenir à la même espèce ou à des espèces voisines. On introduit le greffon taillé en **lame de couteau** dans la **fente** du sujet de façon que les couches génératrices, qui se trouvent entre l'écorce et le bois, soient bien en contact, afin que rien ne gêne la transmission de la sève; un peu de mastic, fait avec du blanc d'Espagne et de l'huile de lin, sera appliqué ensuite, sur les plaies.

3. Diverses sortes. — Pour les arbres fruitiers à pépins *(pommiers et poiriers)*, on emploie la **greffe en fente** et, si le sujet est trop gros, pour être fendu, la **greffe en couronne**; pour les fruitiers à noyau *(pêcher, prunier, etc.)*, on se sert plutôt de la greffe à **écusson**; ici, le rameau est remplacé par un bourgeon ou œil placé, par une **fente en croix**, entre l'écorce et le bois; enfin, on greffe encore en **approchant** deux sujets dont on a enlevé l'écorce au point de contact, quand on veut une branche là où il n'y en a pas, ou encore pour former des cordons de pommiers remplaçant avantageusement les haies. On greffe, ordinairement, avec la sève ascendante, au printemps, en fente, à œil poussant; avec la descendante, en automne, en écusson, à œil dormant, jamais, au repos de la sève. Il faut rejeter tout greffon trop sec, ou dont les yeux seraient déjà ouverts. Si on ne peut utiliser de suite un bon greffon, il faut le placer dans du sable sec afin de le conserver en bon état.

Résumé. — 1. La graine ne reproduit pas exactement le même fruit, si on ne greffe pas le jeune plant issu de la graine.
2. La greffe consiste à transporter, sur un plant ou sujet, un rameau ou greffon d'un autre arbre de la même espèce, de façon que les couches génératrices soient en contact.
3. La greffe en fente s'emploie pour les fruits à pépins, au printemps; celle à écusson, pour les fruits à noyau et en automne.

Avantages de la Greffe

Par cet art ingénieux, le jardinier change les fruits aigres, petits, mal venus, en fruits d'une grande beauté et d'un goût délicieux; il rajeunit les arbres. Sur l'amandier, il cueille la pêche, la poire sur l'aubépine, et perfectionne sans cesse la nature dans les plantes qui, par l'excellence de leurs fruits et de leurs fleurs, méritent, le plus, l'attention des hommes. Une plante, tirée du fond des bois, corrige son humeur sauvage et se défait quelquefois de ses épines dans la société d'une plante domestique. Celle-ci se perfectionne par le commerce qu'elle entretient avec une autre plus douce, entée sur elle; peut-être même cette troisième acquiert-elle un nouveau degré de bonté lorsqu'on lui retranche son feuillage et qu'on la greffe sur elle-même. Il est agréable de voir l'horticulteur au milieu des plantes d'un jardin spacieux, occupé à réformer des naturels agrestes et revêches et n'y donner le droit de citoyens, qu'à des sujets utiles : on le prendrait volontiers pour un législateur qui entreprend de civiliser tout un peuple sauvage.

Cousin-Despréaux.

L'Écorce

L'écorce, chez les arbres, c'est comme les veines, chez l'homme : à travers les veines, le sang circule, dans l'homme, comme, à travers l'écorce, la sève circule dans l'arbre, et monte dans les branches, — feuilles et fleurs. Tu peux évider l'intérieur d'un tronc, comme il arrive aux vieux saules; que l'écorce vive, l'arbre vivra; que l'écorce meure, l'arbre est perdu. Si tu coupes à l'homme des veines, il mourra, d'abord parce que le sang se répandra, ensuite, parce que la circulation ne pourra plus se faire. C'est ainsi que le bouleau se dessèche peu à peu, lorsque les enfants creusent dans le tronc un trou rond, pour boire la sève; et la sève s'en va toute par là. C'est ainsi que nos pommiers furent perdus, les souris ayant rongé l'écorce.

Tolstoï.

Rédaction. — *La greffe.* — *En quoi elle consiste. Ce que produit un arbre fruitier non greffé.* — *Comment faut-il greffer? Précautions à prendre pour réussir.*

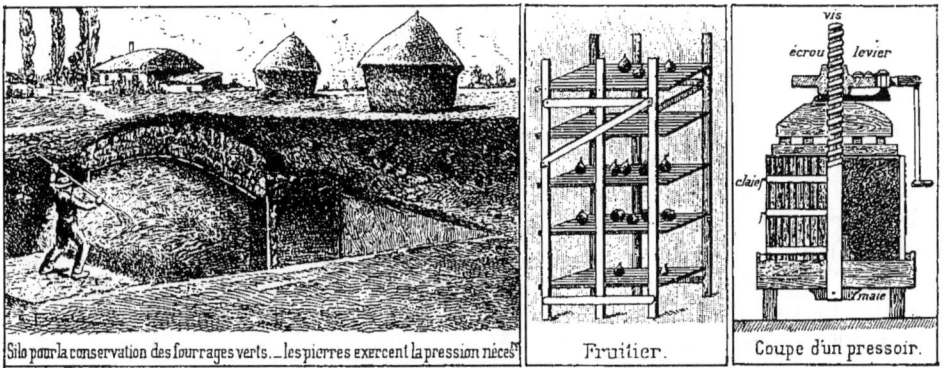

Silo pour la conservation des fourrages verts. — les pierres exercent la pression néces{saire}. | Fruitier. | Coupe d'un pressoir.

Les produits de la plante et de l'arbre

Revenons au bon jus des arbres de nos pères,
T. BOTREL.

1. Les récoltes. — Prendre à la plante et à l'arbre ce qui est utile à l'animal ou à l'homme, c'est récolter.

L'herbe des prairies est coupée à la faux, dans la petite culture, à la faucheuse, dans la grande : la **fenaison** doit se faire au moment de la floraison ; fauchées trop tard, les plantes sont ligneuses, difficiles à digérer et peu nutritives, car les principes alimentaires sont passés dans les graines ; de plus, la dessiccation, à la fourche ou à la faneuse mécanique, doit être rapide, afin que le foin garde son parfum ; enfin, pour les légumineuses, dont les feuilles et les fleurs se détachent facilement de la tige, il est préférable de former des **moyettes** ou brassées dont on lie la tête et qui se tiennent debout en écartant les tiges à la base ; par ce moyen, le fanage se fait tout seul, même par les temps pluvieux.

Les *fruits secs* ou *graines* sont récoltés avant complète maturité, pour éviter l'égrenage, avec leurs tiges coupées à la faucille, à la faux ou à la moissonneuse ; le moment le plus favorable est celui où le grain ne se laisse plus écraser entre les doigts mais où l'ongle s'y imprime encore, comme dans de la cire ; d'ailleurs, les graines achèvent de mûrir dans des moyettes ou en javelles. Les javelles ou brassées par terre ne sont pas cependant à recommander, car les graines, exposées à la pluie, perdent de leurs qualités. Les épis sont ensuite dépiqués au fléau ou à la batteuse : peu à peu, la machine remplace l'homme économisant son temps et sa force. Les *fruits charnus* sont récoltés mûrs, par un temps sec ; s'ils sont destinés à la table, ils doivent être pris à la main, ou à la cueillette ; dans les autres cas, il faut secouer l'arbre mais non le gauler, car le gaulage endommage les bourgeons.

2. Leur conservation. — Les *fourrages secs* sont conservés dans des *fenils* ou dans des *meules* ; les *verts* et les *mouillés* peuvent l'être dans des *silos*, fosses murées, sous terre, où ils doivent être bien tassés et tenus à l'abri de l'air et de l'humidité. Les *fruits secs* sont placés dans des *greniers*, ou dans des silos qui servent également aux racines et aux tubercules. Quant aux *charnus*, ils sont déposés dans une pièce sèche, aérée, peu éclairée, où ils suent. On les place ensuite sur les claies d'un *fruitier* où ils ne se touchent pas et où on peut les visiter ; à défaut de fruitier, on les dispose par couches séparées par du sable ou de la paille saupoudrée de plâtre.

3. Leur utilisation. — Les fourrages servent à l'alimentation de l'animal ; les fruits secs et charnus concourent à la fois à la nourriture de l'homme et à celle de l'animal. Avec les charnus, non conservés, on fait des boissons.

Pour obtenir du bon *cidre*, on mélange un tiers de pommes douces et deux tiers de pommes amères ; les pommes à peau rugueuse et terne sont meilleures que celles à robe lisse et blanche ; on écrase ces pommes avec des pilons ou dans des moulins ; on laisse ensuite la pulpe à découvert, dans un cuvier, pendant 24 heures, afin d'y laisser développer les ferments. On la dispose alors en couches, séparées par des lits de paille, sur le plancher d'un *pressoir* qui en extrait le jus ; ce jus est mis dans des fûts où, sous l'influence des ferments, son sucre se décompose en alcool et en acide carbonique : il bout ou fermente et rejette les matières étrangères par la bonde ouverte. On le soutire, pour le séparer de la lie ; une nouvelle fermentation plus faible se produit qui donne lieu à un second soutirage et le cidre est prêt.

Résumé. — **1.** Les prairies sont fauchées au moment de la floraison ; les fruits charnus sont récoltés bien mûrs ; les fruits secs achèvent de mûrir dans les moyettes.

2. Les fourrages sont conservés secs dans les fenils, verts dans les silos ; les fruits sont placés dans des fruitiers, les graines, à l'abri de l'humidité.

3. Pour faire du cidre, on écrase les pommes, on presse la pulpe et on laisse fermenter le jus qu'on soutire ensuite.

La Fenaison

Les faneurs fanent dur, les faucheurs fauchent ras,
Et chacun, jusqu'au soir, fait merveille des bras.
Le soir est là. Beau soir aux senteurs enivrantes !
Déjà le foin qu'on roule en meules odorantes
S'accumule, et voici qu'au fond des chemins creux
Gémissent les grands chars sur les gazons poudreux.
Les chars gagnent le pré, les bœufs prennent du large ;
Et, tandis que la fourche amoncelle leur charge,
Les graves ruminants, au pas lent, aux pieds lourds,
Du pré déjà tondu rongent l'épais velours.
Un char s'éloigne, un autre et puis un autre encore ;
Cependant la nuit vient plus douce qu'une aurore ;
Et, sur un même appel, les travailleurs épars
Au dernier chargement viennent de toutes parts.

C. DE LA FAYETTE (Hachette, édit.).

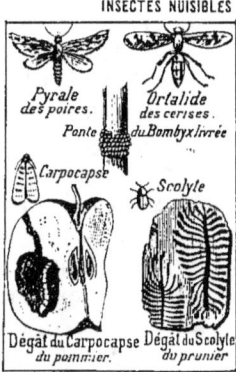

Ennemis et amis de la plante et de l'arbre

*L'homme passe la moitié de sa vie à lutter contre ses ennemis
et l'autre à tirer sur les alliés que la nature lui donne.*
E. ABOUT.

1. Plantes nuisibles. — La plante et l'arbre ont des ennemis ou parasites qui nuisent à leur développement; il importe de les faire disparaître. En général, les mauvaises plantes sont détruites par des sarclages répétés au printemps; mais, si les *prairies naturelles* sont envahies par la *mousse*, la *crête de coq*, etc. et si les *prairies artificielles* sont ravagées par la **cuscute** dont les suçoirs épuisent la sève des légumineuses, il sera souvent nécessaire, soit de faucher de bonne heure les parties atteintes, afin d'éviter la reproduction par la graine, soit de les couvrir de paille pour les brûler, soit encore de les arroser avec une dissolution de sulfate de fer ou vitriol vert. Enfin, les *céréales* craignent le *chiendent* à fortes racines qu'on ne détruit que par des labours profonds et le *chardon* qu'on arrache avant la maturité de la fleur, car le vent transporte la graine. Une loi, d'ailleurs, impose cet arrachage, partout où la multiplication du chardon devient inquiétante.

2. Champignons nuisibles. — Les céréales sont encore sujettes à la *carie* et au *charbon* des épis, maladies occasionnées par des champignons qu'on détruit par un **chaulage** ou un **sulfatage** des semences avec un lait de chaux ou un mélange de sulfate de cuivre et de chaux; il y a aussi la *rouille* de la feuille; contre cette dernière, il est bon d'enlever les clôtures d'épine-vinette qui lui servent de véhicule. L'*ergot* du seigle est soigneusement expulsé de la semence et vendu aux pharmaciens. On lutte, enfin, contre l'oïdium et le mildiou de la vigne, la pourriture de la pomme de terre, par le soufrage et le sulfatage des feuilles.

3. Animaux nuisibles. — Les insectes sont en général les plus nuisibles : d'abord, sous forme de **larves** ou **chenilles**, puis, sous celle d'*insectes parfaits*. Les chenilles font surtout du tort à nos vergers et à nos jardins ; des badigeonnages, au lait de chaux, faits, pendant l'hiver, sur les tiges des arbres fruitiers, détruisent beaucoup d'œufs pondus par les insectes sous le lichen, la mousse, l'écorce sèche ; plus tard, on procède à l'échenillage ordonné par la loi, en brûlant les **nids des chenilles**. Le *phylloxera* de la vigne, qui suce la sève des racines, est asphyxié par l'eau, quand c'est possible, ou par le sulfure de carbone qu'on injecte autour des ceps. Les graines de céréales sont vidées, dans le grenier, par le *charançon* dont on se débarrasse avec des vannages et des pelletages répétés. Enfin, le *hanneton* s'attaque à toutes les plantes dont il mange les feuilles, et sa larve ou ver blanc ronge les racines : en secouant les arbres, le matin, de bonne heure, on fait tomber l'insecte qu'on fait périr ensuite.

4. Auxiliaires. — Mais, l'homme serait impuissant contre ses nombreux ennemis, s'il n'était secondé dans sa lutte par de précieux **auxiliaires** qu'il ne respecte pas toujours. Ainsi, nous poursuivons stupidement, de notre haine, l'infortuné **crapaud** qui dévore chenilles et limaces, pendant que certains paysans superstitieux clouent encore sur les portes de leurs granges les malheureuses **chouettes** qui chassent les rats toute la nuit, et que des enfants cruels ou ignorants enlèvent les nids des pauvres ***petits oiseaux***, nos meilleurs destructeurs d'insectes. Aussi, des associations se sont formées pour protéger les animaux utiles et veiller à l'application de la loi qui punit les dénicheurs d'oiseaux : ce sont les sociétés protectrices des animaux utiles

Résumé. — **1.** Les mauvaises plantes des prairies sont détruites par des sarclages et des fauchages, le chiendent par des labours, le chardon par l'arrachage.

2. Les champignons parasites sont combattus par le soufrage et le sulfatage.

3 et 4. On lutte contre les insectes par le badigeonnage, l'échenillage et surtout en respectant leurs ennemis naturels, le crapaud, la chouette et les petits oiseaux.

Utilité des Oiseaux

Les larves des insectes, cachées pendant l'hiver, sortent avec les premiers beaux jours. D'en haut, d'en bas, à droite, à gauche, ces peuples rongeurs marcheront à la conquête des œuvres de l'homme. Chacun ira à son arbre, à sa plante. Et tel sera leur nombre épouvantable, qu'il n'y aura pas une feuille qui n'ait sa légion.

Que feras-tu, pauvre homme? Comment te multiplieras-tu? As-tu des ailes pour les suivre ? As-tu même des yeux pour les voir ? Tu peux en tuer ; leur sécurité est complète : tue, écrase à millions; ils vivent par milliards.

Heureusement, à côté de l'insecte qui envahit tout, il y a l'oiseau qui pénètre partout.

A l'universelle présence de l'insecte, répond celle de l'oiseau. Le grand moment, c'est celui où l'insecte, se développant par la chaleur, trouve l'oiseau en face, l'oiseau multiplié, l'oiseau qui doit nourrir à ce moment une nombreuse famille de sa chasse et de proie vivante.

MICHELET, *l'Oiseau* (Hachette, édit.).

UTILITÉ DE L'ARBRE

PRÈS DE L'HABITATION

AU BORD DES COURS D'EAU

LE LONG DES ROUTES ET DES CHAMPS

L'arbre isolé : son utilité

L'arbre est à la fois utile et agréable.

1. Près de l'habitation. — L'arbre ne donne pas seulement des fruits; un bel arbre est encore une fête pour les yeux et rien n'est beau comme une maison, un village, à demi cachés sous le feuillage des arbres ainsi qu'un nid d'oiseau. Aussi, en dehors du verger, il faut planter des arbres et respecter ceux qui sont plantés. Certains, d'ailleurs, rappellent des événements heureux ou malheureux, des souvenirs historiques et, à ce titre, ils deviennent sacrés. De plus, l'arbre égaie l'habitation par le chant des oiseaux qui y nichent et souvent parfume l'air qui l'environne.

2. Au bord des cours d'eau et routes. — Voyez au bord des **cours d'eau**, penchés sur eux, les saules et les aulnes tendant aux poissons leur nourriture favorite de graines, d'insectes de toutes sortes et maintenant la fraîcheur de l'eau où truites et goujons sont plus savoureux! En même temps, les arbres riverains consolident les berges et arrêtent l'infiltration qui transformerait en marécages les champs proches. Enfin, ils ralentissent l'évaporation en été, restreignent le dessèchement des cours d'eau et empêchent les contaminations produites par les chaleurs caniculaires.

Voici le long des **routes**, l'arbre qui consolide encore le talus des chaussées et protège le voyageur contre les ardeurs du soleil. Quand le piéton lentement chemine, quand la voiture ou l'auto vertigineuse dévorent la route blanche, quelle joie, pour les voyageurs, de passer sous la voûte rafraîchissante qui empêche ou atténue le nuage de poussière. Et quelle providence pour les champs voisins, desséchés par cette poussière !

3. Autour des champs. — Planté en bordure autour de ces champs, l'arbre abrite encore leurs récoltes contre les vents chauds qui dessèchent la terre, contre les vents froids qui ralentissent la végétation et, surtout contre les vents violents des plateaux et des montagnes qui font verser ou égrener les céréales ; n'oublions pas, enfin, les oiseaux qui le peuplent et détruisent les insectes malfaisants.

4. Ses inconvénients. — Sans doute, sous le couvert même de l'arbre, la végétation est languissante ; mais on y place des plantes fourragères peu exigeantes en lumière, et un petit fossé arrête les racines envahissantes qui s'enfoncent alors dans le sol. Et d'ailleurs, si une petite partie du champ souffre, le reste bénéficie de conditions plus favorables, et, en agriculture comme partout ailleurs, il faut savoir perdre, pour gagner.

Résumé. — 1. L'arbre orne et égaie l'enclos familial, rappelant souvent des souvenirs sacrés.
2. Il fixe les rives des cours d'eau qu'il maintient poissonneux et les talus de nos routes qu'il embellit et protège.
3. Il sert d'abri, enfin, aux récoltes, contre les vents, et porte les nids des oiseaux qui détruisent les insectes nuisibles.
4. Si, sous son ombre, la végétation languit, le reste de la récolte profite de sa présence.

La mort de l'arbre

C'était un vieux tilleul. Il s'élevait devant notre maison. Il avait vu bien des hivers. Mon père décida de le faire abattre. La cognée du bûcheron l'a coupé au ras de la terre. Il est tombé avec un bruit sourd. Le cœur bien gros, je me suis assis sur son tronc renversé, et j'ai dit :

« Le vieux tilleul est mort. Il ne versera plus, les jours d'été, l'ombre et la fraîcheur à la maison. Je ne viendrai plus m'asseoir sous ses rameaux pour lire mon livre aimé. Je ne grimperai plus à ses branches pour récolter ses fleurs bienfaisantes qui soulagent le malade. Les petits oiseaux qui avaient bâti leurs nids, sous sa feuillée, ne les retrouveront plus au printemps prochain. Les abeilles ne viendront plus butiner ses fleurs à miel. Le passant ne se mettra plus à l'abri de l'averse, sous ses branches. C'est fini. Le vieux tilleul est mort. »

Alors, j'ai pleuré. C'est que l'arbre est un témoin muet de notre vie. On est si habitué de le voir à la même place qu'on souffre de le trouver gisant : on le pleure, comme on pleure un ami.

STUDY, *Revue de l'Enseignement primaire.*

..... Il servait de refuge
Contre le chaud, la pluie et la fureur des vents ;
Pour nous seuls il ornait les jardins et les champs.
L'ombrage n'était pas le seul bien qu'il sût faire,
Il courbait sous les fruits. Cependant pour salaire
Un rustre l'abattait ; c'était là son loyer ;
Quoique pendant tout l'an, libéral, il nous donne
Ou des fleurs au printemps ou du fruit en automne
L'ombre l'été ; l'hiver, les plaisirs du foyer.

LA FONTAINE.

Rédaction. — *Un bûcheron brandit sa cognée.* — *L'arbre lui rappelle ses services.* — *Ému de cette plainte, l'homme se contente de l'émonder.*

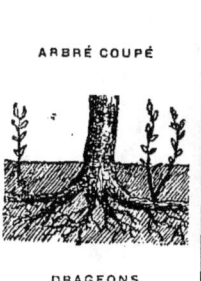
ARBRE COUPÉ

DRAGEONS

La Forêt.

ARBRE COUPÉ.

REJETS

L'arbre en société : la Forêt

La forêt améliore l'arbre et le sol.

1. Avantages de la Forêt : 1° Pour l'arbre. — La forêt, c'est l'arbre en société et la société est utile à l'arbre dont la tige, au contact de ses semblables, s'élève plus haute et plus droite parce que les branches latérales ne peuvent se développer librement ; l'arbre isolé, au contraire, garde une forme trapue, grossière, adaptée aux luttes qu'il est obligé de soutenir seul ; aussi, ce dernier, branchu, noueux, n'est-il le plus souvent apte qu'à donner du bois de chauffage, son grain n'étant pas assez fin pour l'industrie et ses nœuds le rendant peu propre à cet usage.

2° Pour le sol. — De plus, la forêt forme le sol végétal ou l'améliore ; d'abord, les racines des arbres pénètrent et labourent le sol et le sous-sol où elles vont chercher les éléments minéraux et où elles fixent le gaz pris à l'atmosphère par les feuilles ; ensuite, ces dernières tombent et pourrissent grâce à l'humidité constante garantie par le couvert des arbres : elles forment, ainsi, peu à peu, l'humus ou terreau, qui nourrit une infinité d'êtres vivants dont le travail incessant ameublit le sol. Aussi, peut-on dire que la terre arable est fille de la forêt et partout où elle a disparu, seule la forêt la fera reparaître.

2. Sylviculture. — La façon d'exploiter cette forêt ou *sylve* varie selon les essences ou les besoins du pays et l'art de créer, de régénérer et d'entretenir, en bon état de végétation, les peuplements forestiers est appelé *sylviculture*.

Quand la forêt n'existe pas, on peut la créer par des semis ou des plantations mais quand les arbres sont assez âgés pour produire des graines, la forêt se repeuple, d'elle-même, par les plants issus de ces graines : ce sont les brins de semence qui deviennent, en général, arbres aux belles tiges ou fûts formant la *futaie*.

En outre, tous les arbres, sauf les résineux (pin, sapin, etc.), émettent, quand ils sont coupés jeunes, des *rejets* par les bourgeons de souche ou des *drageons* par ceux des racines. Mais rejets et drageons ne deviennent pas si beaux, les rejets surtout, que les brins de semence : aussi, les coupe-t-on à de courts intervalles et sont désignés pour cela, sous le nom de *taillis*. Si, cependant, à chaque coupe, on réserve quelques plants dont la tige ou fût est apte à se développer davantage, on obtient un *taillis sous futaie*.

Résumé. — 1. L'arbre, en forêt, donne du bois d'œuvre supérieur à celui de l'arbre isolé ; de plus, par ses racines, il ameublit le sol qui est ensuite fertilisé par l'humus des feuilles.

2. La sylviculture est l'art d'exploiter la forêt et de la régénérer sous forme de taillis ou de futaie et de taillis sous futaie.

Usages du Bois

On le trouve dans l'âtre de nos cheminées, où sa joyeuse flambée réchauffe et renouvelle l'air de nos appartements. Il est utilisé, soit sous sa forme naturelle, soit à l'état de charbon, pour la cuisson de nos aliments. Il forme les parquets des chambres, les vantaux des portes, les cadres des fenêtres, les lambris des cloisons ou des plafonds, les plinthes et les frises, la carcasse des meubles, la charpente de la toiture. On le trouve partout dans la maison, de la cave au grenier.

Dans nos pays civilisés, le bois ne sert pas seulement au chauffage et à l'habitation, il est utilisé encore pour de très nombreux emplois industriels. Pénétrez sur le parterre d'une coupe en exploitation et vous y trouverez : ici, la hutte du bûcheron, là, celle du charbonnier qui empile les petits rondins pour en former les grosses meules coniques où se cuira le charbon : — ici, l'atelier du scieur de long ; là, celui du sabotier.

Suivez la lisière d'un grand massif forestier et vous trouvez dans tous les alentours des usines, travaillant ou transformant le bois, des villages dont la population est occupée, une grande partie de l'année, à exploiter, transporter ou façonner les produits de la forêt : ici, c'est la scierie débitant planches et charpentes, là, une fabrique de meubles ; ici, la tonnellerie, là, le charronnage ; ici, la fabrique de galoches ou de formes de chaussures ; là, les ateliers de tourneur où se font les jouets d'enfants ; ici, une fabrique de caisses d'emballage ; là, une tannerie utilisant les écorces de chêne ou une fabrique d'extraits tanniques obtenus par la cuisson du châtaignier.

Ailleurs, les papeteries, les cartonneries tirent du bois, râpé mécaniquement ou pétri chimiquement, une grande partie de ces pâtes blanches ou grisâtres qui doivent former le papier d'emballage, le papier de journal, voire même le papier d'écolier, et aussi ces feuilles de carton qui servent à la fabrication des boîtes et qui, juxtaposées en grand nombre, collées, comprimées, peuvent donner une matière, l'ébonite, assez résistante pour servir à la fabrication des roues de locomotive. La distillation du bois tend aussi à prendre une grande extension pour la production de gaz de bois, de goudron, d'alcool, etc.

Enfin, la fabrication des étais de mines, des traverses de chemins de fer, des poteaux pour les télégraphes, les transports de force motrice, et celle des pavés de bois qui, dans les grandes villes, tendent à se substituer aux pavés de pierre, absorbent des quantités prodigieuses d'arbres forestiers et nécessitent par suite l'emploi d'un nombre considérable de journées ouvrières. A ce titre, les forêts jouent un rôle considérable dans l'économie générale d'une région.

E. CARDOT, *Manuel de l'Arbre* du Touring-Club.

Taillis sous futaie avec réserves feuillues et résineuses.

Forêt-taillis

L'arbre de réserve augmente la valeur du taillis.
CARDOT, inspecteur des forêts.

1. Taillis. — Les *plants issus de rejets de souches* et de *drageons* ont, au début, une croissance plus rapide que les brins de semence, mais leur *longévité* est moindre, et ils ne donnent qu'un bois de faibles dimensions et de qualité inférieure : aussi, les coupe-t-on tous les dix, vingt ou trente ans, selon les besoins. A cet effet, on divise la surface boisée en dix, vingt, trente, etc., parcelles, de façon à faire revenir l'exploitation pour chacune d'elles, tous les dix, vingt ou trente ans. C'est ce qu'on appelle *aménager* la forêt, et la durée de temps qui sépare deux exploitations successives, sur le même point, reçoit le nom de *révolution*.

2. Taillis simple. — Si, à chaque révolution, la parcelle est complètement exploitée et mise à nu (blanc étoc), on dit que le taillis est *simple*. Ce mode de traitement convient aux particuliers généralement pressés de jouir de leur bien ; parfois même, il donne la rente la plus élevée; mais les abatages trop fréquents *fatiguent* les souches, qui finissent par ne plus rejeter ou par rejeter mal, et alors les bois *blancs* dominent les bois *durs*, ce qui diminue la valeur du taillis. De plus, découvert à de courts intervalles, l'humus est *desséché* par le soleil et le vent, ce qui lui fait perdre ses propriétés : le taillis simple n'est donc pas à recommander.

3. Taillis sous futaie. — Aussi, le propriétaire *prévoyant* réserve-t-il, dans son taillis, et à chaque coupe, quelques sujets précieux ou d'avenir, de préférence des brins de semence. Ce sont les **réserves** feuillues ou résineuses.

Ces *réserves*, une fois isolées, augmentent rapidement de valeur; elles donnent du bois d'œuvre qui est un produit de plus en plus rare et en même temps des semences destinées à remplacer les *souches mortes* ou trop vieilles pour rejeter. Les réserves de la dernière coupe s'appellent *baliveaux*, celles de l'avant-dernière *modernes* et les autres *anciens* : c'est le *taillis composé* ou *taillis sous futaie*. Cette futaie maintient le couvert de la forêt et par conséquent assure la formation de l'humus et la fertilité du sol.

4. Taillis de montagne. — Il ne faudrait pas cependant que le couvert des réserves gêne le développement des *cépées* ou ensemble de rejets sur une même souche, surtout dans un taillis de chêne dont les rejets demandent de la lumière. Il n'en est pas de même du hêtre ; ce dernier pousse bien à l'ombre et permet le *furetage*, qui consiste à ne couper dans les cépées que les tiges les plus âgées, aménagement de peu de rapport, mais souvent nécessaire dans les forêts de montagne, à faible développement.

Résumé. — 1. Le taillis produit rapidement des bois, mais de faible dimension et de qualité inférieure.
2. Le taillis simple, en découvrant trop souvent le sol, diminue sa fertilité.
3. Les réserves sont de meilleur avenir et assurent la régénération de la forêt.
4. Dans le taillis de montagne, à végétation peu active, le furetage, garde beaucoup de réserves.

La vie du hêtre

Le hêtre est avec le chêne le roi de nos arbres forestiers. Il se plaît dans les fonds d'argile frais mêlés de terre végétale, de sable ou de pierrailles. Comme son pivot est moins long que celui du chêne et comme il est pourvu d'une grande quantité de racines latérales, il trouve facilement sa nourriture dans les couches supérieures du terrain. Pendant des années, le hêtre croit dans l'ombre obscurément confondu avec les plantes des bois qui ne durent qu'une saison. Mais patience ! Attendez quinze ou seize retours de printemps et vous verrez le jeune brin grandir sous la voûte profonde de la futaie. Le voilà déjà un adolescent à la taille svelte et bien prise dans sa tunique d'écorce verte ; encore quelque huit ou dix ans et il entre dans sa première jeunesse : c'est un **baliveau**. Son tronc robuste d'un gris argenté monte droit comme un lis, ses branches, souples et flexibles encore, balancent avec grâce leur feuillée abondante. A partir de ce moment, le hêtre est dans la plénitude de la vie ; à cinquante ans il est formé, à soixante il est superbe. Il pourrait bien vivre trois siècles, mais il est rare que nos exigences lui **permettent d'arriver à cette vieillesse de patriarche.**

A. Theuriet, *les Enchantements de la Forêt* (Hachette).

D'après cliché Thiollier.

Futaie des Gets (Haute-Savoie).

Forêt-Futaie

Une futaie bien exploitée rapporte autant qu'un champ de blé.

Thiollier, inspecteur des forêts.

1. Futaie régulière. — Les brins de semence forment des arbres qui deviennent plus vieux, plus beaux, meilleurs pour l'industrie que ceux provenant de rejets de souche. Ils constituent la *futaie* qu'on ne coupe que tous les cent ou deux cents ans et qui est partagée en autant de parcelles ou coupons exploités régulièrement tous les cent ou deux cents ans ; c'est ce qui lui fait donner le nom de *futaie régulière*.

2. Coupons. — Mais quelle que soit la durée de la *révolution*, l'ensemble de la forêt comprend : un coupon en *ensemencement*, c'est le plus jeune ; un autre plus âgé forme *fourré* ; plus tard, ce sera le *gaulis*, puis le *perchis*, le *haut perchis* et enfin la *jeune futaie* et la *vieille futaie* exploitable. Le propriétaire qui coupe la vieille futaie à *blanc étoc*, ressemble à celui de la poule aux œufs d'or, car, non seulement il sacrifie son avenir, au présent, mais encore, il appauvrit le sol, en découvrant l'humus. Aussi, le forestier prévoyant transforme peu à peu, sans frais et sans interruption de production, la *vieille futaie, en une jeune*, par des coupes dites de *régénération*.

3. Coupes de régénération. — Il commence par entr'ouvrir le massif afin d'isoler les cimes d'un certain nombre d'arbres *porte-graines*; il choisit, dans ce but, les plus beaux. Cette opération ou *coupe d'ensemencement* provoque la formation des graines. Dès que les jeunes plants, provenant de ces graines, sont en nombre suffisant, il fait une seconde coupe dite *secondaire* qui a pour but de donner, à la jeunesse, la lumière dont elle a besoin. Enfin, lorsque le *fourré* est constitué, il enlève les dernières réserves ; c'est la *coupe définitive*. Le jeune peuplement est alors apte à devenir *futaie* ; mais il faudrait se garder de l'abandonner à lui-même. Le bon forestier sélectionne les sujets par des coupes d'*amélioration*.

4. Coupes d'amélioration. — C'est d'abord un *dégagement de semis* pour favoriser les essences précieuses; plus tard, ce seront des *coupes de nettoiement* pour faire disparaître les sujets malingres ou mal conformés. Enfin, dans les jeunes futaies, on fera des *éclaircies* destinées à assurer un bon développement aux cimes d'avenir. Place au plus digne, telle doit être la règle à suivre dans une société forestière comme dans une société humaine.

5. Futaie jardinée. — Mais, dans les pays de montagne, il convient de pratiquer avec prudence les *coupes d'éclaircie*, car des trouées exagérées peuvent amener des désastres, par suite du vent, des avalanches, etc. Il est préférable, alors, d'employer le système dit *jardinage*, qui consiste à n'enlever çà et là, dans toute la forêt, que les arbres les plus âgés, les bois viciés, secs, dépérissants, de façon à « garder le plein massif et à ne le desserrer peu à peu que pour le régénérer ». Ce mode de traitement est peu productif, mais c'est le meilleur, pour le développement des jeunes peuplements dans les forêts de montagne à végétation peu active.

Ainsi, dans la futaie des Gets qui renferme, à l'hectare, 730 arbres, cubant 450 mètres cubes, si ce cube s'accroît annuellement de 2 0/0, on peut conserver le plein massif, en n'exploitant, chaque année, qu'un volume égal à l'accroissement, c'est-à-dire à 9 mètres cubes. L'aménagement est donc, ici, basé sur le volume des arbres et non sur la surface boisée et les futaies ainsi traitées, ayant surtout pour but de protéger la montagne, reçoivent le nom de forêts de protection.

Résumé. — 1. La futaie peut être exploitée régulièrement par bandes ou coupons égaux renfermant des arbres du même âge.

2. Ces coupons sont appelés, selon l'âge des arbres : fourré, gaulis, perchis, futaie.

3. Ils sont créés, par des coupes de régénération : secondaires, définitives.

4. Ils sont améliorés au moyen de coupes de nettoiement et d'éclaircie.

5. Le jardinage, qui garde le massif, est le mode d'exploitation commandé par la prudence, dans les futaies de montagne.

Cliché Mougin. PÉPINIÈRES FORESTIÈRES — PLANTATIONS OU SEMIS FORESTIERS

Création des forêts

Celui qui plante un arbre est un bienfaiteur de l'humanité.

A. THEURIET.

1. Semis forestiers. — Quand la forêt n'existe pas, on la crée par des semis ou des plantations. La méthode des semis est la plus économique. Le printemps est la meilleure saison pour les semis ; mais on peut semer, en automne, les semences légères (ormes, bouleaux) ou difficiles à conserver (*résineux*). Il est préférable de semer, en bandes, sur terrain préparé, c'est-à-dire débarrassé de toute végétation et ayant reçu un labour. Cependant, le plus souvent, on sème, à la volée, et sans préparation aucune, sur bruyères courtes, ou terrains pierreux, les graines des essences résineuses ; ailleurs, et avec de grosses semences (gland, faîne, châtaigne), on procède à la houe, au plantoir ou à la **pioche,** fendant et soulevant le gazon pour répandre quelques semences dans la fente qu'on écrase ensuite avec le pied.

2. Plantations forestières. — Le mode de boisement par plantation est le plus sûr, surtout pour certaines essences comme le hêtre, le sapin et le mélèze. On se procure des plants, dans des *pépinières forestières* dont la culture est la même que celle des vergers. Avant de procéder au boisement d'un terrain, par plantation, il est parfois nécessaire de le préparer : s'il est marécageux, il faut l'assainir ; s'il est couvert de plantes nuisibles, on les brûle en les mélangeant avec des mottes de gazon : c'est ce qu'on appelle l'écobuage. On peut encore arracher, à la pioche, plantes et arbrisseaux, si l'opération n'est pas trop difficile et seulement dans les endroits choisis, pour la plantation : c'est le défrichement. Enfin, dans les terrains mouvants, il sera souvent nécessaire de consolider d'abord le terrain et même de le laisser s'embroussailler, en le mettant en défense contre la dent ou le pied du bétail ; et dans les terrains dénudés ou arides, il sera indispensable d'y semer des plantes rustiques qui protégeront les jeunes plants.

3. Mode de plantation. — La plantation des essences forestières se fait, surtout au printemps, pour les résineuses, en automne, pour les feuillues, dans des trous ou potets. On place les plants **régulièrement** si le terrain est fertile ; dans le cas contraire, on choisit les endroits les plus favorables à leur réussite, en tenant compte de l'état du sol, de la présence d'abris, buissons, troncs, rochers, etc. Si on veut obtenir une *futaie*, on peut distancer les plants de 2 mètres en tous sens ; s'il s'agit d'un *taillis*, la distance sera réduite à 1 mètre ; enfin, si la plantation a un but spécial, comme la mise en valeur ou la protection de terrains en mauvais état, on ne devra pas hésiter à planter plus serré, afin de couvrir le sol le plus tôt possible.

4. Choix des essences. — D'autre part, chaque essence a un tempérament particulier qui s'adapte mieux à certains climats ou à certaine nature de terrain : ainsi, le *châtaignier* occupe de préférence le premier gradin de la montagne chérissant le sable du granit, puis, vient le chêne recherchant les sols argileux ; la vraie forêt touffue ne commence que plus haut, avec le hêtre, l'arbre, par excellence, des climats tempérés et des sols frais ; au-dessus, le froid se faisant trop sentir, poussent les résineux garantis par leur résine et s'accommodant des terrains secs, calcaires. Enfin, une essence des plus robustes est le bouleau qui croît, jusqu'à 2.000 mètres d'altitude, se contentant, par surcroît, de toutes les natures de terrains.

Résumé. — 1. Les semis forestiers se font, sur terrain préparé, à la volée ou en lignes et, sur terrain non préparé, dans des fentes pratiquées à la houe.

2. La plantation est plus sûre mais plus chère que le semis : on prépare le terrain, par l'écobuage ou le défrichement.

3. Un terrain fertile est planté, en lignes distantes de 1 à 2 mètres ; pour un taillis ou sur un sol aride, les plants sont plus serrés.

4. On place les essences, selon leur **tempérament** ; en bas, les feuillues, en haut, les résineuses.

Terrains à boiser

Il y a, en France, près de dix millions d'hectares de terrains incultes, mais susceptibles d'être boisés ; ce sont des landes stériles qui couvrent presque toute l'épine dorsale de la France, et débordent des versants alpins ou pyrénéens, étalant leur misère jusqu'au milieu des plaines fertiles. Les populations sont parfois attachées à ces landes. Elles leur servent de pâturages — fournissent les litières — du combustible (fagots de genêt et d'ajonc). Mauvais pâturages ! Mauvaise litière ! Médiocre et coûteux combustible ! Chaque chose a sa destination naturelle ! Il faut de l'herbe au bétail et non des plantes semi-ligneuses. — Il faut pour la litière des débris de végétaux (pailles, feuillages) de décomposition facile. Il faut du bois, du charbon, pour l'alimentation du foyer domestique. — Tout cela, la lande pourrait le donner à profusion : ici — sur quelques points restreints et bien choisis, à proximité des villages — par le défrichement et la culture, — là, soit sur presque toute l'étendue des landes de montagnes, par leur transformation en pelouses et en bois.

D'après Cardot, *Manuel de l'Arbre*.

D'après cliché Mougin. Les bois maltraités disparaissent peu à peu.

Conservation des Forêts

Massif clair, massif détruit.
        Proverbe forestier.

1. Semis et Plantations soignées. — Il ne suffit pas de créer la forêt, il faut ensuite aider à son développement, puis la conserver en bon état. Dans la seconde année du semis, il est nécessaire de combler les vides par de nouveaux semis, puis par des plantations; plus tard, on éclaircit, si c'est nécessaire, au sécateur (l'arrachage des plants nuisant aux racines de ceux qui restent). Dès le premier été, on doit visiter les jeunes plantations et préparer les emplacements à replanter en automne, car tous les plants ne réussissent pas et il est urgent de remplacer les manquants, pour obtenir, le plus tôt possible, le massif complet ; nouvelle visite au printemps suivant, afin de butter les tiges déchaussées par la gelée. Enfin, sitôt l'état de *fourré* acquis, il convient de donner les soins prescrits pour les taillis et les futaies.

2. Forêts négligées. — Le point important est de maintenir la fertilité du sol et d'assurer la régénération des peuplements. Dans ce but, il faut se garder d'enlever, pour faire de la litière, les feuilles sèches dont la décomposition forme l'humus, agent principal de la fécondité du sol forestier. Il faut aussi éviter des *coupes trop claires*, car un massif clair est un massif bientôt détruit ; en effet, les arbres ne pouvant plus se protéger, ni se soutenir, sont frappés par le soleil, en été, le gel, en hiver, sèchent sur pied, sont renversés par le vent ou les avalanches. De plus, une fois le couvert disparu, l'humus sèche, et, alors, les semences des arbres porte-graines, ne se trouvant plus dans de bonnes conditions de germination, n'assurent que médiocrement le repeuplement. C'est le commencement de la ruine, pour la forêt qui n'est point remplacée par le pâturage, car si le sol est bon, il se couvre d'une épaisse végétation rebelle à l'ensemencement et, s'il est ingrat, il **s'embroussaille** et devient impropre à la production de l'herbe. Aussi, les coupes claires, dans les forêts de montagne, devraient être assimilées aux défrichements et soumises, comme eux, à une autorisation.

3. **Forêts pâturées.** — Il en est de même de la forêt pâturée : le bétail, par son pied et sa dent, nuit à la bonne venue du bois et compromet la régénération. Dès lors, la forêt pâturée s'ouvre peu à peu, et alors les buissons, fougères, genêts, puis la bruyère se développent ; il n'y a bientôt plus ni bon bois, ni bonne herbe : c'est la lande qui commence et si le terrain est en pente, la dénudation d'abord, l'*érosion* ou entraînement par les eaux, du sol végétal, ensuite ; une bonne mise en défens suffit souvent à provoquer la reconstitution naturelle de la forêt. Il importe, enfin, de respecter les conservateurs naturels des forêts, c'est-à-dire les oiseaux. Ainsi, dans certaines parties des Vosges, les mésanges ayant disparu, les forêts sont menacées de mort par l'invasion d'insectes destructeurs.

Résumé. — **1.** Il faut soigner semis et plantations en comblant les vides ou en éclaircissant et en buttant les tiges déchaussées par la gelée.

2. Plus tard, il faut se garder d'enlever la feuille sèche qui maintient la fertilité du sol et il faut éviter les coupes claires nuisibles au repeuplement.

Enfin, le pâturage abusif ruine la forêt amenant parfois l'érosion avec ses conséquences.

Le pic conservateur

Dans les calomnies ineptes dont les oiseaux sont l'objet, nulle ne l'est plus que de dire, comme on a fait, que le pic, qui creuse les arbres, choisit les arbres sains et durs, ceux qui présentent le plus de difficultés et peuvent augmenter son travail. Le bon sens indique assez que le pauvre animal, qui vit de vers et d'insectes, cherche les arbres malades, cariés, qui résistent moins et qui lui promettent, d'ailleurs, une proie plus abondante. D'abord, l'excellent forestier, plein de tact et d'expérience, éprouve son arbre au marteau, je veux dire au bec. Il ausculte comment résonne cet arbre, ce qu'il dit, ce qu'il a en lui. Tel, sain et fort en apparence, que, pour sa taille gigantesque, a désigné, marqué le marteau de la marine, le pic, bien autrement habile, le juge véreux, carié, susceptible de manquer de la manière la plus funeste, de plier en construction, ou de faire une voie d'eau et de causer un naufrage. L'arbre éprouvé mûrement, le pic se l'adjuge, s'y établit ; là, il exercera son art. Ce bois est creux, donc gâté, donc peuplé ; une tribu d'insectes y habite. La guerre obstinée qu'il fait à ces tribus destructives qui gagneraient les arbres sains, c'est un signalé service qu'il nous rend. L'État lui devrait sinon les appointements, du moins le titre honorifique de conservateur des forêts.

MICHELET, *l'Oiseau*.

Rédaction. — *1. Comment peut-on créer une forêt là où elle n'existe pas : semis, plantations, choix des essences.*

2. Quels soins convient-il de donner aux semis et aux jeunes plantations ? Pourquoi un massif clair est-ce bientôt un massif détruit ? Que pensez-vous des pâtres qui laissent envahir la forêt par le bétail ?

Spécimens d'érosions (haute vallée de la Neste, Pyrénées).

La Forêt retient le sol et la neige

Le déboisement provoque l'érosion, le reboisement l'éteint.

FABRE, inspecteur des forêts.

1. Érosions. — La conservation des forêts importe surtout dans les terrains en pente. Par son couvert, en effet, la forêt protège le sol contre l'action mécanique des gouttes d'eau de pluie, détruisant ainsi la force *érosive* du ruissellement, tandis que, sur un sol nu, le gazon est vite attaqué et quelques minutes suffisent pour commencer un ravinement qui va toujours en s'accroissant. En outre, les racines des arbres fixent le terrain, mettant obstacle, soit au détachement et à la chute des pierres roulantes, soit au glissement ou à l'éboulement des terrains en pente. Aussi, l'imprudent montagnard qui détruit la forêt, fait disparaître l'unique soutien de ces couches suspendues sur les flancs des montagnes et qui se décollent et glissent à la suite des longues pluies : désastre subit : 100.000 mètres cubes, 1 million, bien plus encore, un centième, un vingtième, un dixième de mont, s'abat sur un ressaut de la vallée ou dans la coulière elle-même.

2. Ensablement. — « Le mal fait, l'eau se charge aussitôt d'en effacer les traces ; elle dilue les débris et les transporte, en aval, si loin que le rocher devient caillou, le caillou sable, que des fleuves s'ensablent, que des deltas s'agrandissent et que la mer se comble. Et à mesure que le torrent déblaie, il approfondit sa ravine, il attire à lui plus de montagne et la roche a plus de pente pour ses dégringolades, pour les éboulements, pour la ruine. C'est surtout par en bas, que le mont succombe, comme le colosse aux pieds d'argile ; tel torrent n'a pas mis cent ans à assassiner sa vallée et à ensabler la plaine. » (O. Reclus, *Manuel de l'Eau*.)

3. **Avalanches**. — Enfin, en hiver et sur les hauteurs, la pluie est remplacée par la neige qui s'accumule ; quand le sol est boisé, les tiges des arbres l'empêchent de glisser ; de plus, les branches et les feuilles persistantes des résineux la protègent contre les vents chauds du midi ou les ardeurs du soleil, et elle fond lentement. Mais une trouée imprudente, une éclaircie exagérée dans la forêt, y deviennent bientôt un couloir d'avalanches. Et, alors, « dès qu'un peu de neige perd l'équilibre, beaucoup de neige, infiniment de neige, s'ébranle, et l'on dirait que la montagne elle-même s'écroule : le vent qui précède la neige emporte les rochers, les maisons, les hameaux ; neige, rocs, débris, l'avalanche a passé sur des villages endormis à jamais. Si l'armée des arbres s'était alignée sur les versants du précipice, elle aurait arrêté l'ennemi, elle aurait divisé, brisé son effort. » (O. Reclus, *Manuel de l'Eau*.)

Résumé. — 1. Par son couvert et ses racines, la forêt retient le sol, prévenant le ravinement de la montagne.

2. Quand le terrain montagnard est fixé, les cours d'eau n'ensablent plus la plaine.

3. Enfin, par ses tiges, la forêt empêche la neige de glisser, sous forme d'avalanches.

Les Résineux

Dans les régions supérieures, il faut des arbres à tiges robustes, gorgées de résine qui affrontent crânement le froid. Il faut des résineux qui cherchent le ciel pur, le vent glacé, le rocher nu, qui étendent et attachent, comme ils peuvent, leurs maigres racines et tiennent à peine au sol. C'est en se pressant, en serrant leurs rangs qu'ils se soutiennent entre eux et soutiennent aussi la montagne. Dans ses crises qui sont les dégels, sans eux, elle serait perdue. Elle éclate, se fend. Là, des eaux furieuses profitant de ces fentes et les agrandissant, vont tout lancer dans la vallée. Eux seuls arrêtent tout. On la croirait entendre qui crie : « Mes enfants, tenez bon. » Mais voici que d'en haut un monstre d'avalanche, neige et glace, rochers pêle-mêle, d'un coup terrible part. Malheur aux résineux ! C'est sur eux que d'abord passe l'épouvantable tempête. Ils crient, craquent... Un moment abîmés, ils ont disparu. Dans quel état, grand Dieu ! on les revoit après. Roulés, racines en haut, misérablement fracassés ! Lamentable ruine !... Cependant de leurs pointes, ils ont rompu le coup. On l'a vu dans les Pyrénées, près Barèges. C'était plus que la neige, c'était un roulement de glaces qui rasaient, tranchaient tout... Ils avaient tous péri, mais sauvé la vallée.

D'après Michelet, *la Montagne* (Calmann-Lévy, édit.).

Rédaction. — *La forêt protège à la fois la montagne et la plaine. Dites comment et montrez pourquoi le déboisement provoque l'érosion tandis que le reboisement l'éteint. Citez des exemples à l'appui.*

1. Montagnes boisées. 2. Montagnes déboisées.

1. Cours d'eau régulier.   Houille blanche.   2. Torrent.

Montagnes boisées : cours d'eau réguliers et houille blanche.
Montagnes déboisées : torrent.

La Forêt retient l'eau de pluie

La forêt est le régulateur de nos cours d'eau.

1. Avec forêt : 1° **Pas d'inondation.** — La conservation de la forêt est encore de la plus grande utilité, par le rôle bienfaisant qu'elle joue sur la distribution des eaux de pluie : elle nous garantit, en effet, à la fois, contre l'inondation et la sécheresse, en servant de réservoir naturel et vivant aux cours d'eau qu'elle rend réguliers.

Voici la nue qui crève : la pluie raie l'air et tombe. Eh bien ! grâce à l'obstacle formé par les cimes des arbres, cette eau n'arrive au sol que peu à peu et par petites quantités ; chaque feuille se charge de sa gouttelette et ne la laisse tomber qu'avec lenteur; ainsi, pour vingt minutes d'ondée, la forêt pleure pendant vingt heures. Une partie de cette eau va au *cours d'eau* qu'elle ne peut grossir jusqu'à la crue et qu'elle maintient *régulier*.

Avec forêt : 2° **Pas de sécheresse.** — L'autre partie de l'eau de pluie, la plus importante, est absorbée par la mousse, la feuille et le terreau jouant le rôle d'éponge qui s'imbibe d'eau, pour la laisser filtrer ensuite lentement, mais profondément, dans les couches souterraines. Là, elle s'insinue entre les pierres, se coule sur les sables, creusant, par l'effet de la pesanteur, de longs et tortueux conduits jusqu'aux roches imperméables où elle forme de vastes réservoirs d'eau : ces derniers qui ne crèvent ni ne s'envasent point servent à l'alimentation naturelle de nos sources et de nos cours d'eau, qu'ils préservent de la sécheresse après leur avoir épargné la grosse crue.

La forêt constitue donc le véritable régulateur de nos cours d'eau et par suite de nos forces hydrauliques, de cette *houille blanche* appelée à changer, peu à peu, les conditions économiques des montagnes, en développant, par l'électricité, des industries locales, telles que la réduction sur place des minerais, les scieries, les filatures, etc...

2. Sans forêt : Torrent. — Détruisez la forêt et l'eau s'écoule rapidement comme sur un toit nu : les feuilles ne tamisent plus l'ouragan, l'humus n'est plus là, pour le boire, et l'orage se concentre maintenant en quelques minutes, formant un *torrent* formidable, un déluge destructeur. Puis, quand la montagne a donné toute son eau à la fois, les cours d'eau sont à sec et l'irrigation des vallées et de la plaine devient difficile, souvent impossible. Aussi, après la montagne, sèche la plaine ; après l'inondation, vient la sécheresse, la seconde aussi désastreuse que la première. « Veuve de l'arbre, l'eau meurt et le monde mourra de la mort de l'eau. Aussi, pourquoi ne pas dire au méchant torrent : « C'est la dernière fois que tu me surprends. J'ai compris que la sylve est la mère des eaux. Tu n'as pas de flots ou tu en as trop. Je saurai te régler et te forcer à n'en manquer jamais. Dorénavant, tu seras la joie et non la terreur. C'est la forêt qui te domptera. Je vais reboiser les montagnes. » (O. RECLUS, *Manuel de l'Eau.*)

Résumé. — 1. La forêt retenant l'eau de pluie par ses feuilles, modère les crues de nos cours d'eau. De plus, l'humus s'imbibe de cette eau et alimente les réservoirs des sources.
2. Mais, si la forêt disparait, le torrent lui succède avec trop ou trop peu d'eau, amenant l'inondation d'abord, la sécheresse ensuite.

La Houille blanche

Depuis longtemps, le montagnard connaissait le secret de la force hydraulique. Depuis longtemps, il utilisait le petit ruisseau, la petite cascade riveraine de son champ pour faire tourner la roue de son moulin, élever et abaisser tour à tour la scie qui débitait son bois ; mais, jusqu'ici, on n'avait pas songé, dans ces pays éloignés et isolés des grandes agglomérations humaines, à réunir tous ces ruisseaux, à rassembler toutes les eaux d'un vaste bassin montagneux, pour les conduire jusqu'à un promontoire d'où elles puissent se déverser en des chutes de 100, 200, 500 mètres de hauteur, de manière à produire une force énorme susceptible de faire marcher les innombrables rouages d'une grande industrie. Le développement des voies de communication, et plus encore, les découvertes successives faites par la science, en vue de transformer la force en un courant électrique, et de la transporter au loin par l'intermédiaire de câbles aériens facilitèrent l'évolution de l'industrie vers les régions montagneuses, et déjà leurs vallées se peuplent d'usines fabriquant sur place, ou faisant rayonner au loin dans les plaines voisines les éléments inutilisés de la force conquise.

D'après E. CARDOT, *Manuel de l'Arbre.*

Rédaction. — *Montrez que la nouvelle houille blanche a la même origine que l'ancienne houille noire.*

Sanatorium sur hauteur boisée.

La forêt assainit et tempère le climat

> *Forêts et prairies sont pour la région santé et richesse.*
> OLIVIER DE SERRES.

1. Air pur. — Si la forêt constitue la richesse et la sécurité pour un pays, c'est de plus la santé pour ses habitants.

L'arbre est, en effet, le premier des hygiénistes. D'abord, il purifie l'air. Nous savons qu'à la lumière, la feuille verte des arbres décompose l'acide carbonique formé par la combustion et la respiration ; or, cet acide carbonique est un poison pour notre sang. Il s'ensuit que, là où il y a des arbres, l'air est pur et la respiration saine. Cette respiration fait un sang vigoureux qui lutte victorieusement contre les maladies : anémie, tuberculose, etc., voilà pourquoi on établit des *sanatoriums*, sur les hauteurs boisées.

L'arbre assainit encore les sols marécageux dont il pompe l'excès d'humidité et supprime les gaz qui tuent. La population de la Sologne a doublé depuis le reboisement de ses marais.

2. Eau pure. — En outre, à nul, mieux qu'à lui, ne peut être confié l'office d'épurer le bassin des sources, car, comme l'écrit O. Reclus, « l'arbre vit de tous les éléments qu'il dissocie, soit qu'il les enlève à la terre soit que l'animal ou l'homme les ait déposés à portée de ses racines : fumiers, engrais, eaux usées, tout lui est bon, même la rigole immonde de derrière le village. » (*Manuel de l'Eau.*)

3. Climat tempéré. — De plus, la forêt, comme la mer, régularise la température : pareille à un vaste et riche manteau, elle s'oppose, l'hiver, au rayonnement nocturne, cause toute-puissante du refroidissement du sol, et préserve, ainsi, les cultures voisines contre les gelées tardives. En été, elle abrite la terre contre les ardeurs du soleil, rafraîchit et humecte l'atmosphère par la transpiration des feuilles qui, en revanche, absorbent l'excès d'eau atmosphérique, par les temps trop humides. Enfin, les vents violents, qui provoquent de brusques changements de température, trouvent un obstacle puissant dans les massifs boisés. Aussi, les bords septentrionaux de la mer Noire, où il n'existe pas le moindre bois, sont beaucoup plus froids que les parties de la France situées sous la même latitude, mais possédant des forêts, et, d'après le géographe E. Reclus, le mistral ne désole la Provence que depuis le déboisement des Cévennes, par les Romains.

4. Peu d'orages. — D'un autre côté, grâce aux innombrables pointes des arbres où s'accumule l'électricité du sol, il se produit un échange continuel du fluide entre la forêt et l'atmosphère, ce qui diminue la fréquence et l'intensité des phénomènes orageux : *grêle* et *foudre*. Ainsi, sur 18 départements français, les plus éprouvés par ces accidents, 14 sont les moins boisés : la forêt sert donc de paratonnerre naturel à une région tout en rendant son ciel plus clément.

Résumé. — **1 et 2.** La forêt purifie l'air par ses feuilles et assainit le sol par ses racines, épurant ainsi le bassin de nos sources.

3. De plus, elle forme un manteau qui, conduisant mal la chaleur, tempère le climat.

4. Enfin, par ses cimes, elle décharge l'atmosphère de son excès d'électricité et sert de paratonnerre naturel à la région.

Action de l'Air pur

Un long travail vous a fatigué ? une veille prolongée a émoussé votre intelligence ? Eh bien ! quittez votre chambre, respirez l'air pur du dehors et soudain votre tête se dégage, votre cœur bat plus librement, la lassitude même des membres se dissipe.

Allez-vous de la ville à la campagne ? Le mystère se complique en même temps que se multiplient les influences de cet agent occulte et bienfaiteur. Ce n'est pas seulement un malaise passager que cet air dissipe, c'est votre être tout entier qu'il renouvelle.

La nourriture vous restaure davantage peut-être, mais elle vous alourdit en vous restaurant. Le vin vous éveille, mais il vous enivre en vous éveillant; l'air, au contraire, est tout ensemble doux et fort ; il calme et fortifie, il semble qu'il agisse sur l'âme.

Oui, quand on respire à pleine poitrine, près d'une forêt, on sent son cœur battre plus librement plus disposé à s'ouvrir aux sentiments affectueux ; que dis-je, et qui ne l'a pas éprouvé, on est comme détaché de la terre elle-même et tout enchanté de cette vie nouvelle.

Legouvé (Hetzel, édit.).

Rédaction. — *Quelle est l'utilité des arbres à l'entour des habitations ? — Pourquoi les arbres assainissent-ils l'air que nous respirons et procurent-ils un bien-être à la fois physique, intellectuel et moral ? — Quelle conclusion doit-on en tirer ?*

Territoire de l'Association pour l'aménagement des montagnes (H^{tes}-Pyrénées).

Le désert suit la forêt.

Au second plan : les vestiges de l'antique forêt qui n'a pas été remplacée par un bon pâturage.

La Forêt protège les Pâturages

Quand la forêt tombe, le pâturage disparaît.
BALLIF, Président du Touring-Club.

1. Fraîcheur des bois. — La forêt ne conserve pas seulement la vie humaine, mais elle protège encore celle des plantes. Tous les bergers savent par expérience, qu'un pâturage a besoin d'humidité et de fraîcheur ; mais ce que la plupart semblent ignorer, c'est que la forêt appelle et entretient cette fraîcheur humide. D'abord, sous le feuillage, le sol reste frais pendant les étés ardents ; ensuite, l'arbre transpire en rejetant, par ses feuilles percées de trous, l'excès d'eau de la sève puisée par les racines. Cette fraîcheur humide des contrées boisées se manifeste jusqu'à 1.500 mètres, d'après les expériences faites par des aéronautes obligés de jeter du lest, à cette hauteur.

2. Cette fraîcheur attire la pluie. — Aussi, quand un nuage traverse cette couche fraîche et humide, qui se trouve au-dessus des bois, il se condense et laisse tomber la pluie, tandis qu'il passe intact au-dessus d'un sol nu réfléchissant les rayons du soleil. A l'île de Malte, dans la Méditerranée, la pluie peut se faire désirer trois ans depuis qu'on a défriché pour cultiver le coton. « Plus un pays défriche, plus il devient pauvre en eau », a dit Buffon ; par contre, dans une autre île, Sainte-Hélène, dans l'océan Atlantique, le reboisement a doublé la quantité d'eau de pluie, depuis le séjour de Napoléon. Il en résulte que la forêt est la protectrice nécessaire du pâturage.

3. Pas de forêt, pas de pâturage. — C'est ce qu'il faudrait faire comprendre au berger qui, sous prétexte de débarrasser le sol de la broussaille et de le fumer avec ses cendres, mais plutôt par haine de l'arbre, met le feu à cette broussaille qui le communique à la forêt. Cependant, après le feu, c'est encore la broussaille qui reparaît, car les bonnes plantes, les légumineuses et les graminées sont friandes de sol frais abrité tandis qu'on rencontre les mauvaises herbes dans les terrains secs et à découvert. Aussi, plus la forêt s'éloigne, plus le pâturage s'appauvrit, et c'est précisément parce que le pâturage s'appauvrit que le berger cherche à faire reculer la forêt ; et « *le désert suit la forêt* », comme l'a dit Chateaubriand.

4. Le désert suit la forêt. — C'est en effet à la disparition des forêts qu'il faut attribuer, en France, la formation des landes stériles, car, çà et là il subsiste encore des vestiges de murs qui rappellent l'existence des cultures. Et, ailleurs, toutes les ruines imposantes que l'on rencontre à chaque pas, en Algérie, en Tunisie, en Espagne et dans toute la région de la Méditerranée montrent que là où règnent aujourd'hui la solitude et le désert existaient autrefois de puissantes et riches cités. « Ainsi, à Timgad (Algérie),
« des fouilles commencées en 1880 ont fait découvrir, sous le sable, toute
« une grande ville fondée à l'époque romaine. Dans cette région, où
« quelques moutons et chèvres peuvent à peine vivre aujourd'hui, il y
« avait donc autrefois des cultures. En détruisant les forêts qui cou-
« vraient les montagnes de l'Aurès, l'homme en a tari les sources et pré-
« paré l'invasion des sables. »

(Manuel de l'Arbre.)

Résumé. — **1.** Sous le couvert des arbres, le sol reste frais et la transpiration des feuilles forme au-dessus une couche d'air humide.
2. Cette fraîcheur humide maintient la fertilité des pâturages et attire la pluie.
3. Par contre, quand la forêt disparaît, la sécheresse la suit et le pâturage s'appauvrit.
4. Aussi, partout où les arbres ont disparu, l'homme a été puni de son imprévoyance.

L'Arbre protecteur

On ne peut se défendre d'un mouvement de reconnaissance, quand, se promenant seul, aux hauts pâturages de Suisse, on rencontre quelqu'un de ces sapins vénérables que, depuis des siècles, on conserve pour servir d'abri aux troupeaux. On sent là, le grand rôle de l'arbre. On le sent comme ami et protecteur de toute vie. Ils le savent tous : chèvres, moutons, brebis et vaches paresseuses ; d'eux-mêmes, ils y vont se reposer, connaissent leur gogant (les arbres protecteurs ont ce nom au pays de Vaud). Ils s'installent là, l'été et sont chez eux. L'eau n'est pas loin, murmure. Aux différents étages du grand arbre, bruit, fourmille un monde d'écureuils, d'insectes et d'oiseaux. Autour de lui, à bien peu de distance, fleurissent maintes plantes charmantes exclues des champs. Lui, il ne proscrit rien. Il est le père de tous et comme le bon génie de la contrée.

MICHELET, *la Montagne* (Calmann-Lévy, édit.).

Rédaction. — *Expliquez pourquoi le pâturage disparaît lorsque la forêt tombe et parlez du rôle protecteur de l'arbre.*

Pâturages ruinés : Vallon de la Rocheuse (Savoie).

Conservation des Pâturages

La transhumance ruine la montagne.
P. Descombes.

1. Pâturages surchargés. — Si le déboisement appauvrit les pâturages en les desséchant, les troupeaux, trop nombreux, achèvent de les ruiner, en les dégradant. On comprend, en effet, qu'un pâturage ne peut nourrir un nombre illimité de bestiaux. C'est ce qui arrive cependant pour nos pâturages communaux qui se dégradent parce qu'on les surcharge. Ce n'est pas que le bétail montagnard ait augmenté ; au contraire, il a diminué de moitié depuis cinquante ans ; mais, celui de la plaine afflue en trop grand nombre vers la montagne.

2. Autrefois. — Jadis, la montagne nourrissait seulement les troupeaux qui avaient passé l'hiver dans les vallées les plus voisines ; on estivait ce qui avait hiverné ; mais les habitants des plaines trouvèrent l'élevage du mouton profitable ; des spéculateurs s'en mêlèrent et louèrent les hauts pâturages ; les montagnards se laissèrent tenter par l'appât d'un supplément de revenu : *ce fut la transhumance,* qui a ruiné la montagne.

3. Aujourd'hui. — En effet, l'arrivée d'immenses troupeaux de moutons affamés par un long voyage, au moment où la neige est à peine fondue et sur des pâturages par conséquent encore peu fournis, dévaste la pelouse ; ici, les bonnes plantes sans cesse broutées disparaissent ; là, les mauvaises dédaignées se multiplient ; de plus, sur un sol encore détrempé, chaque mouton ronge jusqu'aux racines et parfois arrache sa touffe d'herbe et voilà la pelouse **trouée** et par suite exposée à la sécheresse. Enfin, le piétinement des animaux accentue la dégradation en isolant de plus en plus les touffes et en traçant partout des sentiers où les eaux de ruissellement viennent se rassembler ; il se forme, ainsi, une multitude de petites rigoles qui vont en se creusant, en se multipliant, d'année en année, et alors, sous l'action de la fonte des neiges ou des averses torrentielles, la terre dénudée est entraînée et le roc est bientôt décharné et mis à nu : c'est, d'abord, la ruine du pâturage et le bétail envahira la forêt ; c'est, ensuite, le point de départ d'une plaie ébouleuse par où s'échapperont les eaux boueuses d'un torrent.

4. Possibilité des Pâturages. — « La restauration vraie, durable, des montagnes, a dit A. Mathieu, directeur d'école forestière, n'est possible que par l'aménagement des pâturages » ; autrement dit, il est absolument nécessaire de proportionner le bétail à la surface et à la fertilité du pâturage : c'est ce qu'on appelle respecter sa *possibilité*. La défense d'introduire dans les pâturages le bétail étranger et un rôle de pacage établissant un droit à payer, par tête, arrêteraient peut-être ce gaspillage, cette curée des *communaux*, qu'on ne saurait, d'ailleurs, tolérer plus longtemps, sans grave danger pour le pays.

Résumé. — 1. Les pâturages se dégradent parce qu'ils sont surchargés.
2. Autrefois, on estivait seulement les troupeaux qui avaient hiverné et les pâturages gardaient leur fertilité.
3. Aujourd'hui, les troupeaux transhumants les ruinent.
4. Pour les conserver, en bon état, il faut respecter leur possibilité.

Le mouton transhumant

Les vallées de Saux et de la Gela, deux sources de la Neste (affluent de la Garonne), sont la propriété indivise des deux communes de Guchan et Bazus-Aure qui, avant 1904, avaient livré leurs pacages à des troupeaux de moutons espagnols. Le résultat en fut lamentable : les flancs des deux vallées étaient épuisés, écorchés, ravinés, ruinés. « L'Association pour l'aménagement des montagnes » se présenta et ces communes lui louèrent leurs terrains. Le premier soin de l'Association fut de bannir les moutons dévastateurs. Trois ans après, les membres du Congrès international de l'aménagement des montagnes eurent la satisfaction de remarquer, après une nuit d'orage, le contraste frappant entre les eaux claires de la Gela et les eaux bourbeuses amenées par le Badet d'une vallée, où sévit encore la transhumance : l'érosion avait disparu avec le mouton transhumant.

Les pattes du mouton, en effet, sont comme autant de petites pioches qui délitent les cailloux et mettent la terre en poudre. Elles rayent les pentes de multiples sentiers entrecroisés qui forment comme des filtres par où l'eau glisse sous les pierres ; bientôt ces pierres qui ne sont plus soutenues, roulent, s'entraînent les unes les autres. Le mal serait plus lent si les herbes pouvaient fixer le sol ; mais le mouton ne coupe pas l'herbe, il l'arrache. Plus une radicelle ne reste. Alors un jour d'orage, soudain la montagne s'ouvre, crève. Le remède est dans l'éloignement de la gent moutonnière, de ces faux innocents qui ont l'air d'agneaux et qui sont plus à craindre aujourd'hui que le loup : « Tu la troubles, lui dit cette bête cruelle. » Le mouton transhumant trouble l'eau, en effet, par l'érosion qu'il provoque.

R. DE SOUZA (extrait de *l'Éclair*).

Cliché Mougin. Haut Pâturage en bon état avec son étable-abri (Savoie).

Amélioration des Pâturages

Celui-là a mérité de la Patrie qui a fait pousser deux brins d'herbe là, où il n'en poussait qu'un.

CATON.

1. Pâturages ruinés. — Alors même qu'il ne serait pas surchargé de bétail, un pâturage s'appauvrit, à la longue. C'est un tort, en effet, de considérer la production herbagère comme indéfinie et n'exigeant aucun soin. L'herbe pâturée, comme l'herbe coupée, est une récolte qui exporte des matériaux enlevés au sol. Si donc, ces matériaux ne sont pas restitués uniformément, il s'ensuit, par endroits, une usure progressive de la couche végétale et son envahissement par des plantes grossières telles que le nard-raide et la bruyère. Il est donc nécessaire de fumer les pâturages et, dans ce but, il faudrait de nombreuses **étables-abris** où les vaches viendraient passer la nuit; leur fumier serait ensuite épandu régulièrement; quant aux moutons, on pourrait les parquer de façon à bien répartir l'engrais nocturne. Enfin, de même que la culture agricole, la culture pastorale devrait employer des engrais complémentaires et des amendements tels que les cendres, les marnes, etc., car le fumier du bétail est insuffisant.

2. Mise en défens. — Quant aux parties ou cantons qu'on ne pourrait fumer ou dont le sol battu, pressé, ne produirait plus qu'un gazon très court, il serait bon de les mettre en défens, à tour de rôle. Cette mise en défens qu'on ne saurait trop recommander équivaut à un labour, à une fumure et même à un semis de bonnes plantes: elle permet, en effet, à la couche végétale, qui n'est plus tassée par le bétail, de se distendre et de redevenir plus perméable à l'air et à l'eau; et, alors, les bonnes espèces **végétales à enracinement profond** arrivent à mûrir leurs graines et à les **épandre autour d'elles**. Mais on ne pourra parler de mise en défens aux éleveurs, qui ne trouvent jamais assez de pacages pour leur bétail, que le jour où ils comprendront que leurs troupeaux tireraient plus de profit d'un hectare de pâture améliorée que de cinq en mauvais état.

3. **Entretien.** — Ce jour-là, les pâtres seconderont même le travail de la nature, soit par l'extraction, avant l'époque de leur fructification, des végétaux nuisibles dont les parties herbacées pourront former litière, tandis que les parties ligneuses seront brûlées afin de servir d'engrais par leurs cendres ; soit, en ramassant les pierres descendues, l'hiver, sur la pâture et qui seront utilisées pour les réparations des murs de clôture ou d'abris ; soit, enfin, en nivelant le terrain ou en étendant les taupinières fraîches, car tout monticule se dessèche vite et la bonne herbe y roussit de bonne heure, tandis que la mauvaise s'installe à sa place ; inutile d'ajouter qu'un semis de plantes fourragères sera des plus précieux, après le nivelage. Enfin, les bergers ne reculeront pas devant d'autres travaux tels que ceux ayant pour but d'irriguer ou de drainer le sol du pâturage, s'ils sont persuadés que c'est dans leur intérêt qu'ils travaillent. D'ailleurs, la commune pourra toujours imposer ces travaux sous forme de prestations et faire appel au concours de l'État, s'ils sont trop importants.

Résumé. — 1. Le pâturage du bétail enlève à l'herbage des éléments qu'il faut lui restituer par des engrais.

2. La mise en défens équivaut à une fumure, à un labour et à un semis.

3. L'extraction des plantes nuisibles, le nivelage du sol, le semis de bonnes graines et les travaux d'irrigation ou de drainage entretiennent les pâturages en bon état.

La Chèvre

« La chèvre a plus d'indépendance que le mouton et vit moins en troupeau serré ;
« mais son agilité lui permet de parcourir les pentes les plus rapides et les moins
« stables ; elle affectionne les versants déboisés et dégarnis de végétation qu'elle
« achève de ruiner ; le nez en l'air, elle va de préférence au buisson ; elle ne cesse de
« se lever sur ses pattes de derrière pour aller brouter tout ce qu'elle peut atteindre
« et détruit toute végétation arborescente : les bourgeons et les jeunes pousses sont
« coupés au fur et à mesure qu'ils se montrent et la plante épuisée se dessèche. Le
« piétinement de la chèvre n'est pas d'un moins mauvais effet que celui des bêtes à
« laine, mais il se produit dans des lieux plus escarpés et ses conséquences n'en sont
« que plus nuisibles. La chèvre achève de ruiner ce que le mouton a commencé à
« détruire. »   A. Fron, *Forêts et Pâturages* (Hachette, édit.).

Faut-il donc proscrire la chèvre de la montagne ? Non, attendu que la vie, à l'étable, lui convient très bien et qu'il n'est point besoin de la laisser vagabonder à travers les jeunes plantations ou les quartiers en défens ; non, encore, si l'on songe que sa frugalité, qui se contente de tout et de peu, en fait, par excellence, la « vache du pauvre » ; non, enfin, à cause de son lait qui, ne transmettant jamais la tuberculose et se rapprochant le plus de celui de la femme, en fait, pour les enfants, « la meilleure laitière ». Surveillons la chèvre, mais ne la proscrivons pas.

Cliché Thiollier.   Un pré-bois en Savoie.

Aménagement des Montagnes

Le pâturage boisé est la forme idéale à étendre partout où la pâture nue s'appauvrit et se dégrade.

A. Fron.

1. Pâturage boisé. — De ce qui précède, on peut conclure que l'équilibre entre le sol forestier et le sol arable est indispensable à la prospérité d'un pays et que forêt et pâturage, bien loin d'être ennemis, sont, au contraire, *solidaires* l'un de l'autre. Une dernière preuve en est fournie par le système mixte dit des *prés-bois* qui, dans certains cantons du Jura et des Vosges, a permis de doubler le nombre de bestiaux. C'est un mélange *d'herbages pâturés* et de *bosquets* formant cependant des masses distinctes, nettement séparées, par des clôtures artificielles ou des bordures naturelles d'arbrisseaux : les parties doucement ondulées, riches en terres végétales, sont laissées à l'herbe qui s'y développe abondante, grâce à la fraîcheur bienfaisante et à l'abri des bosquets placés sur les surfaces médiocres, tandis que la forêt, proprement dite, occupe les pentes raides, les pierrailles, les berges de torrents et les arêtes.

2. Ses avantages. — « Ces bosquets, dit Michelet, placés bas sur le froid torrent et très haut près des sommets, encadrent et protègent aux gradins intermédiaires des arbres plus délicats, comme les fruitiers, des prés, des petits champs ». Ils encadrent encore et de la façon la plus pittoresque, les aspects de la montagne ; aussi, sont-ils de nature à y amener comme à y retenir les touristes qui contribuent à donner du bien-être au pays : une montagne belle est bientôt une montagne riche. C'est grâce à ses belles montagnes bien conservées, que la Suisse, dont les trois quarts du sol sont impropres à la culture, est cependant un pays des plus riches et des plus prospères. La France a des montagnes aussi belles que celles de la Suisse, mais elles sont moins bien conservées car le déboisement les a dégradées par l'érosion : la création de prés-bois étouffe le ravinement et protège le sol de la montagne, comme ses productions, tout en fournissant une récolte de feuilles vertes, précieuse en temps de sécheresse et le bois indispensable, pour l'entretien des chalets et des fruitières.

3. **Montagne prospère.** — D'un autre côté, avec la création des fruitières, on double les revenus du bétail, et une vache donne autant que 40 moutons, 20 brebis ou 15 chèvres. Il en résulte que, partout où il y a des fruitières, on trouve profit à remplacer le petit bétail par le gros ; et il y a aussi profit pour la montagne, car la vache ne peut aller là où vont le mouton et la chèvre : elle n'ose aborder les pentes trop rapides ; d'ailleurs, elle coupe l'herbe, sans l'arracher ; son museau large ne peut s'introduire partout et son pied également large attaque fort peu le gazon. Conclusion : les montagnes ruinées par le déboisement et la transhumance redeviendront prospères grâce aux prés-bois et aux fruitières. D'ailleurs, l'État encourage, par des subventions, l'organisation des fruitières, et les Caisses rurales de crédit agricole, qui fonctionneront bientôt partout, avanceront les fonds nécessaires aux éleveurs soucieux de leur avenir, comme de celui du pays.

Résumé. — 1. Les pâturages boisés forment un mélange distinct de pâturages et de bosquets, ces derniers occupant les plus mauvais terrains.
2. Les prés-bois embellissent la montagne, arrêtent sa dégradation et permettent la création de fruitières.
3. Grâce aux fruitières, le mouton qui ruine souvent la montagne pourra être remplacé par la vache qui la rend *toujours* prospère.

Reboisons !

Au plus profond des bois la Patrie a son cœur ;
Un peuple sans forêts est un peuple qui meurt.
C'est pourquoi tous, ici, lorsqu'un arbre succombe,
Jurons d'en replanter un autre sur sa tombe ;
Jurons d'ensemencer les friches dénudées,
Que changent en torrents les soudaines ondées,
Et les versants rongés par les dent des troupeaux,
Où les rocs décharnés percent comme des os.
Et puissent nos enfants voir, aux saisons futures,
Des chênes et des pins les robustes ramures
Onduler sur la plaine et moutonner dans l'air,
Pareils aux flots mouvants et féconds de la mer !

A. Theuriet (Fasquelle, édit.).

Rédaction. — *Qu'est-ce qu'un pré-bois ? Où en trouve-t-on surtout ? — Quel résultat a-t-il produit ? — Montrez qu'avec le pâturage boisé l'éleveur ne peut reprocher à la forêt de prendre la place de ses pacages et que ce système constitue un des moyens les plus pratiques pour restaurer une montagne, parce qu'il concilie tous les intérêts.*

Cliché du *Manuel de l'Arbre.*
La place et l'église de Fourneaux, après l'inondation.

La Montagne menacée

Le déboisement est un des fléaux les plus redoutables.
P. BAUDIN, ministre.

1. Anciennes forêts. — La montagne est surtout menacée par la disparition continue des forêts. Notre pays a été autrefois très boisé ; du temps des Gaulois, les forêts occupaient la moitié du territoire ; de nos jours, elles n'en occupent même pas la cinquième partie. Cette diminution du domaine boisé a eu d'abord pour cause le besoin de terres agricoles, au fur et à mesure de l'accroissement des populations. Mais les cultures, souvent effectuées sur des terrains trop pauvres temporairement améliorés par l'humus des forêts, cédèrent peu à peu la place à des friches, rendues elles-mêmes rapidement stériles par l'abus du pâturage.

2. Leur disparition. — Au lieu de chercher à améliorer ces friches et ces pâturages, les populations en créèrent de nouveaux, *par le déboisement* qui atteignit peu à peu les vallées et puis la montagne. Déjà, sous Henri IV, Bernard Palissy déplorait l'ignorance des paysans. « La destruction des forêts, disait-il, est, non une faute, mais une malédiction et un malheur. » Colbert à son tour pousse le cri d'alarme : « La France périra faute de bois. » Enfin un Rapporteur à la Convention écrit : « De la conservation des forêts, résulte celle des cultures. »

3. Conséquences. — De nos jours encore, un des faits les plus indiscutables, c'est la dépopulation et l'appauvrissement des régions montagneuses ; depuis un demi-siècle environ, le bétail y a diminué de moitié et la population d'un quart. Ce n'est pas cependant dans le mouvement général, qui attire, vers la ville, l'habitant des campagnes, qu'il faut en chercher l'unique cause, car la *houille blanche* à son tour est menacée de disparition, par suite de la diminution du débit régulier des cours d'eau montagnards.

D'ailleurs, les récentes avalanches ou inondations, engloutissant des villages alpins et pyrénéens et dévastant le Midi de la France, ont montré suffisamment que nous marchons vers la mort de la montagne et, par suite, vers la ruine des vallées et de la plaine.

« Qui accuser de ces ruines, dit Michelet dans *la Montagne*.. C'est l'homme qu'il faut accuser. »

Résumé. — 1. Notre ancien domaine a diminué de plus de moitié, par suite du besoin de terres agricoles et de pâturages.

2. Mais, au lieu d'améliorer leurs terres et leurs pâturages, nos paysans en créèrent d'autres par de nouveaux déboisements.

3. Aussi, nos forêts de montagne ont continué à diminuer, tandis que les sécheresses, les inondations et les avalanches ont augmenté.

Inondation

Le 23 juillet 1906, vers cinq heures de l'après-midi, un orage éclate à travers les montagnes qui dominent Modane, sur le chemin de fer de Paris à Turin. Dès six heures, grondements sourds, vent précurseur, débâcle effroyable : deux torrents, le Rieux-Roux et le Charmaix s'abattent, l'un sur Modane, l'autre sur *Fourneaux* ; quelques minutes suffisent pour raser cinquante maisons, enlever un pont et enterrer chemin de fer et route nationale. Total : cinq millions de dégâts ! Tout cela du fait de deux méchants torrents ! Mais pourquoi ces torrents sont-ils méchants ? Parce que l'homme les a acculés à la méchanceté, en provoquant le ruissellement, sur les pentes dénudées, par un déboisement inconscient et criminel.

BALLIF, président du Touring-Club (*Figaro* du 3 août 1906).

Avalanche

Dans la haute vallée du Gave de Pau se trouvait un joli petit village : Ouzous. Des bois couronnaient jadis les pentes au pied desquelles ce village était bâti ; les habitants les coupèrent en partie et, pour les faire disparaître plus vite, brûlèrent le restant, dans le but de faire des pâturages. Durant l'hiver de 1906-1907, les neiges accumulées, au sommet de la montagne, n'étant plus retenues, glissèrent, sans rencontrer le moindre obstacle, formèrent avalanche entraînant la couche végétale, détachée du sous-sol imperméable, par des eaux infiltrantes. Neige, terre, rochers, détruisent tout sur leur passage, transformant, en un horrible chaos, le village si riant, si tranquille, et faisant neuf victimes. La ruine et le deuil succèdent à l'aisance et au calme de la vie paisible.

(*Revue forestière.*)

Rédaction. — *Michelet accuse l'homme de la mort de la montagne. Dites pourquoi et citez des exemples justifiant cette accusation.*

Barrages artificiels.

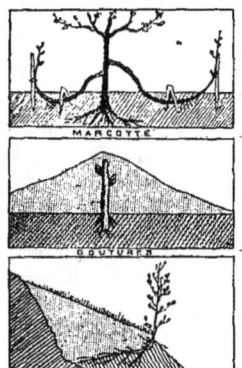

Cordons de boisement — 1° contre les ravinements et les éboulis. — 2° contre le creusement des berges.

La Défense de la Montagne

Défendre la montagne, c'est sauver la terre de la patrie.
P. Descombes.

1. Défense. — A la suite de l'inondation de 1856 qui, d'après E. Reclus, emporta, dans la vallée de la Loire, des routes et des ouvrages de défense pour une valeur de 172 millions et presque autant dans la vallée du Rhône, les premières lois sur le gazonnement et le boisement des montagnes furent promulguées. Le célèbre ingénieur Surrell avait découvert, en effet, que « la végétation est le meilleur moyen de défense contre les torrents ». Mais comment obtenir une végétation dans un terrain ruiné, mouvant, toujours menacé ?

2. Moyens de défense. — Il fallait d'abord consolider le sol, autour de chaque bassin de réception des torrents : on établit, à cet effet, sur les ruines ou sur les berges complètement dénudées, des **barrages vivants** ou clayonnages, avec des plançons d'arbustes (aune, saule, etc.) susceptibles de prendre racine, par **bouture**. Ces travaux permirent de faire végéter, encore par bouture, ou **marcotte**, d'autres arbustes (groseillier, framboisier, etc.), et cet embroussaillement artificiel retint les eaux ruisselantes et le sol, permettant, en outre, d'établir les premiers **cordons de boisement**. En outre, des murs de chute ou **barrages** successifs en **pierre** arrêtèrent le creusement des berges et prévinrent le glissement des terrains. Enfin, partout où le point de départ des avalanches put être déterminé, on établit des banquettes de pierres avec des mottes de gazon, de façon à former plate-forme pour donner de l'assiette à la masse de neige et l'empêcher de glisser sur la pente.

3. Défenseurs. — Bien des torrents s'assagirent, bien des villages retrouvèrent leur sécurité. Mais l'œuvre est loin d'être terminée, puisqu'il y a encore des avalanches et des inondations. Aussi, l'État a institué les bases d'un **enseignement sylvo-pastoral** dans les écoles des régions montagneuses ; de plus, non seulement il accorde gratuitement des graines et des plants, mais encore il dégrève de tout impôt, et pendant trente ans, les nouvelles plantations ; par contre, tout défrichement ou remplacement de forêt par une culture est soumis à une autorisation préalable. L'initiative privée agit encore, par voie d'associations, telles que *l'Association pour l'aménagement des montagnes* qui, fondée en 1904, a déjà affermé 7.000 hectares de terrains dégradés, comme ceux de *Vignec*, en vue de leur restauration ; en outre, des sociétés de tourisme, qui veulent conserver les charmes de notre beau pays, ont pris, sous leur protection, sapins élancés, châtaigniers ombreux, chênes robustes. Une des plus actives, le **Touring-Club** de France, a fait éditer deux remarquables ouvrages de vulgarisation, le *Manuel de l'Arbre* et le *Manuel de l'Eau*. Enfin, même les « Mutuelles scolaires » deviennent « forestières » en consacrant leur fonds commun de retraite au reboisement. Ainsi, de toutes parts, on s'unit et on lutte pour le reboisement et contre le déboisement ; union et lutte pour l'existence, car, comme l'a dit, Michelet, dans la *Montagne*, « l'arbre vivant, la contrée se soutient, vit encore. Lui mourant, elle meurt, dépérit peu à peu, et, le dernier coupé, disparaîtra le dernier homme. »

Résumé. — **1.** La végétation est le meilleur moyen de défense contre les torrents.
2. Des clayonnages fixent le sol dans le bassin de réception des torrents : des barrages arrêtent le creusement des berges.
3. L'Etat, les associations privées et l'école agissent de concert pour « sauver la terre de la patrie ».

La leçon de la montagne

Ceux qui voudront une leçon de choses n'auront qu'à venir à Vignec : elle est frappante. Deux ruisseaux qui, en été, n'ont l'air de rien, petits affluents de la Neste, cernent complètement le village ; qu'ils ont l'air gentil ! on dirait des ruisseaux de jardin anglais. La première preuve qu'il ne faut pas s'y fier est que, depuis des siècles, ils ont creusé la montagne de longues gorges profondes. Puis, si l'on regarde les champs qui bordent la route, on aperçoit, entre les cultures, des bandes de terrains incultes. Un pré riche de jeune verdure est à moitié recouvert d'une tranche de terre noire caillouteuse, haute de 2 mètres : ce sont tout simplement les déjections du torrent, qui s'est essayé déjà à renverser et à noyer Vignec sous la boue.

Nous grimpons le sentier de mule qui longe le ravin ; en face, la montagne s'effrite ; sur le roc schisteux, les terres ont glissé ; par endroits, les roches elles-mêmes s'effeuillent et croulent ; une coulée de cailloux a barré le torrent ; on a dû lui refaire un nouveau lit ; tout à coup, nous apparaissent de larges brèches qui s'évasent, jusqu'en bas, dans la chair vive pyrénéenne. C'est épouvantable, c'est impressionnant, comme une plaie ! Autant de brèches, autant de torrents nouveaux qui dévastent et par où l'eau qui est la vie, précipite la mort.

M. le Maire a compris l'image parlante de la montagne : sept cents hectares de ces terrains ont été loués à l'Association, pour l'aménagement des montagnes qui y a planté 20.000 épicéas. « Ah ! le mal que j'ai eu à faire accepter cette solution ! » raconte le maire. « On va nous prendre nos terrains, disait l'un ; l'administration forestière « s'en emparera, criait l'autre ». Ah ! c'est qu'on a de la peine à sauver ses concitoyens.

R. DE SOUZA (extrait de *l'Eclair*).

Rédaction. — *Aimer les arbres, dit-on, c'est aimer la Patrie. Qu'en pensez-vous ?*

ENSEIGNEMENT LOCAL

Nous laissons ces **pages blanches** afin que les élèves y inscrivent les leçons spéciales et locales que les maîtres ne manqueront pas de leur faire. Il nous a semblé que l'on pourrait y inscrire encore bien des faits intéressant la vie du village : une fête de l'arbre, une promenade scolaire, les plantations forestières — les résultats d'un essai, d'une récolte — peut-être aussi, hélas! — les catastrophes provoquées par l'imprudence ou l'inexpérience des habitants ; — terribles leçons de choses — trop vite oubliées si l'on n'en conserve pas une trace écrite. Souhaitons plutôt que l'on n'ait à y noter que des faits heureux et des améliorations rendant à la montagne la vie et la beauté !

CULTURES SPÉCIALES ET LOCALES

Leçon résumée : La pomme de terre

1. — Description : Tige souterraine ou tubercule comestible; renferme surtout une matière non azotée la fécule (hydrogène et carbone) analogue à l'amidon du blé et de même valeur nutritive, mais dont la proportion varie de 12 à 24 0/0 selon les variétés, le sol, les engrais, la culture. **2. — Variétés** : Tubercules gros (géante bleue) ou petits (chardon), à forme arrondie (Richter imperator) ou allongée (Early rose). Citer celles du pays. **3. — Sol et engrais** : Préfèrent les sols argilo-calcaires, mais profondément ameublés à cause de leurs longues racines et bien fumés avec complément de potasse. **4. — Culture** : Tubercules entiers plantés à 40 ou 50 centimètres les uns des autres et choisis, avant la récolte, sur les plus beaux pieds. Dès les premières feuilles, binages et sarclages puis buttage avant la floraison. Sulfatage des feuilles en cas de maladie. **5. — Récolte et conservation** : Tubercules arrachés quand les feuilles ou fanes sont sèches, puis conservés dans des caves ou des silos à l'abri de l'humidité, du froid et de la lumière. (Procédés locaux de culture, de récolte et de conservation.)

EXERCICES D'OBSERVATION

Le sol

Le sol de ..... est (argileux, siliceux, calcaire, argilo-calcaire, silico-argileux); on y remarque, en effet, des plantes telles que ..... qui y croissent naturellement. L'analyse de la terre arable donne une proportion de ..... argile, ... calcaire, ... silice et ..... humus. Aussi cette terre est ..... (qualités ou défauts). Le sous-sol offre comme roches principales ..... employées pour ..... On pourrait amender le sol de ..... avec .....

EXERCICES D'OBSERVATION
Les essences forestières

Les principales essences de nos forêts sont : comme bois durs ..... (chêne, hêtre, orme, frêne, châtaignier, noyer, etc.) et comme bois blancs ..... (peuplier, aulne, charme, pin, sapin, etc.). *(Parlez seulement de celles du pays.)*

Le chêne est employé ..... (charpente, meubles, chauffage, etc.), le hêtre pour ..... (chauffage, mesures de capacité, chaises, sabots, etc.), l'orme et le frêne pour ..... (charronnage), le noyer ..... (menuiserie et sculpture).

On utilise également le peuplier dans ..... (menuiserie), le bouleau ..... (balais, chauffage), le charme pour ..... (outils : maillets, rabots, cannes, etc.), l'aulne pour ..... (pilotis, sabots), le pin et le sapin pour ..... (grandes charpentes). Aimons les arbres qui vivent pour nous.

PROBLÈMES

On veut faire construire une bergerie pour loger 145 brebis et 86 agneaux. Il faut $3^{m3},25$ d'air par brebis et $2^{m3},65$ par agneau. La bergerie mesurant 18 mètres de long sur 12 mètres de large, quelle devra en être la hauteur ?

Quand on se sert du semoir, il faut, par hectare 5 hect. 1/2 de blé, tandis qu'à la volée on emploie 200 litres. Quelle économie réalisera-t-on, par l'emploi du semoir, pour un terrain de 75 ares, sachant que le blé de semence coûte 50 fr. les 100 kilos et que l'hectolitre pèse 80 kilos ?

Une récolte de 30 hectolitres de blé a enlevé au sol 30 kilos d'acide phosphorique en ne considérant que cet élément. Pour restituer à la terre ce qui lui a été pris, on enfouit d'abord une fumure de 10 tonnes métriques de fumier dosant 2 p. 0/0 d'acide phosphorique; on demande quelle quantité de superphosphate à 20 p. 0/0 d'acide phosphorique on doit ajouter à cette fumure pour obtenir une restitution complète ?

Une commune cède un hectare de landes stériles d'une valeur de 100 fr. aux 50 enfants de l'école; chacun de ces enfants y plante pendant sa scolarité qui dure 10 ans, 10 sapins, chaque année. Au bout de 60 ans, le volume moyen des arbres exploitables est de $1^{m3},25$ et leur accroissement de 4 p. 0/0. Sachant que ce bois vaut environ 15 fr. le mètre cube, calculer la rente annuelle de cette forêt exploitée par la méthode du jardinage.

TABLE DES MATIÈRES

		Pages.
	A l'écolier de la Montagne...	3
	L'animal domestique. — Son hygiène............................	4
	L'animal domestique. — Ses maladies. — Epizooties.........	6
L'Animal.	L'animal domestique. — Son alimentation........................	8
	L'animal domestique. — Son amélioration........................	10
	Production animale. — Le lait.....................................	12
	Un insecte domestique. — L'abeille................................	14
	La plante et sa reproduction. — Semailles......................	16
	La plante et l'eau...	18
	La plante et le sol..	20
	Nourrice de la plante : semence...................................	22
	Alimentation de la plante : par les racines.....................	24
	Aliment ordinaire de la plante : fumier.........................	26
La Plante.	Aliments complémentaires : engrais chimiques..................	28
	Emploi des engrais...	30
	Aliments supplémentaires. — Stimulants.........................	32
	Alimentation de la plante : par la feuille.......................	34
	Succession des cultures : assolements............................	36
	Développement de la plante : labours............................	38
	Développement de la plante : labours superficiels............	40
	L'arbre : sa reproduction...	42
	L'arbre fruitier : sa taille...	44
L'Arbre.	L'arbre fruitier : sa greffe...	46
	Les produits de la plante et de l'arbre..........................	48
	Ennemis de la plante et de l'arbre...............................	50
	L'arbre isolé : son utilité..	52
	L'arbre en société : la Forêt.......................................	54
	Forêt-taillis...	56
	Forêt-futaie...	58
La Forêt.	Création de forêts...	60
	Conservation des forêts...	62
	La forêt retient le sol et la neige.................................	64
	La forêt retient l'eau de pluie....................................	66
	La forêt assainit et tempère le climat...........................	68
	La forêt protège les pâturages....................................	70
Les Pâturages.	Conservation des pâturages..	72
	Amélioration des pâturages..	74
	Aménagement des montagnes......................................	76
La Montagne.	La montagne menacée...	78
	La défense de la montagne...	80
Enseignement local...		82
Table...		87 et 88

TABLE DES LECTURES ET RÉCITATIONS

	Pages.
Le pansage	5
Le charbon (G. Lecomte)	7
Météorisation (Debry)	9
La vache-laitière (C. de la Fayette). — La loi Grammont	11
Une laiterie modèle (Victor Cherbuliez). — Les fruitières (Cardot)	13
Les abeilles de ma tante (Marmontel)	15
Le semeur (Victor Hugo) — Semailles (E. Zola)	17
L'eau source de vie (d'après O. Reclus)	19
Nature des terres. — Les amendements	21
Moyens d'obtenir de bonnes semences (Risler)	23
Champ d'expériences	25
Le purin (Victor Hugo)	27
Engrais phosphatés. — Engrais potassiques	29
Engrais azotés. — Le nitrate de soude	31
Les prairies artificielles	33
Les prairies naturelles	35
La jachère	37
Le labour de printemps (E. Zola)	39
Le petit laboureur (J. Aicard)	41
Le pommier (Schmidt). — Respect des branches (Vessiot)	45
Avantages de la greffe (Cousin-Despréaux). — L'Écorce (Tolstoï)	47
La Fenaison (C. de la Fayette)	49
Utilité des oiseaux (Michelet)	51
La mort de l'arbre (Study) (La Fontaine)	53
Usages du bois (Cardot)	55
La vie du hêtre (Theuriet)	57
Terrains à boiser (Cardot)	61
Le pic conservateur (Michelet)	63
Le résineux (Michelet)	65
La houille blanche (Cardot)	67
Action de l'air pur (Legouvé)	69
L'arbre protecteur (Michelet)	71
Le mouton transhumant (R. de Souza)	73
La chèvre (Fron)	74
Reboisons (Theuriet)	77
Inondation (Ballif). — Avalanche (Revue forestière)	79
La leçon de la montagne (R. de Souza)	81

Surtout ne laisse pas perdre le purin : c'est de l'or liquide

Tours. — Imp. Deslis Frères, 6, rue Gambetta.

www.ingramcontent.com/pod-product-compliance
Lightning Source LLC
LaVergne TN
LVHW050609090426
835512LV00008B/1410